dtv

Jeder kennt diese Menschen, die das berühmte Glas noch halb voll sehen, während man selbst vielleicht eher dazu neigt, es schon als halb leer zu betrachten. Optimisten sind, das ist wissenschaftlich nachgewiesen, die glücklicheren Menschen. Sie sind zufriedener und können Probleme, ob im Beruf oder Privatleben, besser meistern. Und das Gute ist, wir können alle etwas davon in unser Leben bringen. Dieses Buch veranschaulicht die wesentlichen Grundzüge optimistischer Weltsicht und gibt mit einfachen Übungen und vielen Tipps praktische Anregungen, wie man zu mehr Optimismus gelangen kann.

Bettina Lemke ist freie Lektorin, Übersetzerin und Autorin. Veröffentlichungen bei dtv: ›Der kleine Taschenbuddhist‹; ›Der kleine Glücksberater‹.

Bettina Lemke

Der kleine Taschenoptimist

dtv

Dieses Buch enthält einige traditionelle Meditationsübungen, die vielfach erprobt sind. Grundsätzlich ist es ratsam, sich von einem erfahrenen Lehrer in die Meditation einweisen zu lassen. Die Autorin und der Verlag übernehmen keine Haftung für Schäden, die sich aus der Anwendung der in diesem Buch vorgestellten Übungen und Empfehlungen ergeben.

**Ausführliche Informationen über
unsere Autoren und Bücher
www.dtv.de**

Originalausgabe 2015
© 2015 dtv Verlagsgesellschaft GmbH & Co. KG, München
Das Werk ist urheberrechtlich geschützt.
Sämtliche Verwertungen bleiben vorbehalten.
Umschlagkonzept: Balk & Brumshagen
Umschlaggestaltung: buxdesign, München
Satz: Greiner & Reichel, Köln
Druck und Bindung: C.H.Beck, Nördlingen
Gedruckt auf säurefreiem, chlorfrei gebleichtem Papier
Printed in Germany · ISBN 978-3-423-34863-8

Inhalt

Meinen Geschwistern Stefanie und Burkhard
gewidmet sowie all den Menschen, die der Welt
hin und wieder gern mit einer zusätzlichen Portion
Optimismus begegnen würden.

Ärgere dich nicht darüber, dass der Rosen-
strauch Dornen trägt, sondern freue dich
darüber, dass der Dornenstrauch Rosen trägt.
Arabisches Sprichwort

Optimismus lohnt sich

Unser schlimmster Feind ist der Pessimismus.
Dalai Lama

Als Optimist lebt es sich leichter und schöner, denn eine optimistische Lebenseinstellung führt zu einer positiven Sicht auf die Welt, zu mehr Zufriedenheit, Ausgeglichenheit, Erfüllung und Freude. Optimisten strahlen Zuversicht aus und stecken mit ihrer Begeisterung, ihrem Interesse für Neues, mit ihrer Energie und Kreativität auch andere Menschen an und sind aufgrund ihrer empathischen Ausstrahlung in der Regel sehr beliebt. Da Optimismus eine grundlegende Haltung ist, glauben sie nicht nur an ihre eigenen Fähigkeiten, sondern bestärken auch andere gern in ihrem Tun und freuen sich mit ihnen über Erfolge.

Neid ist Optimisten in der Regel fremd, da sie in der Lage sind, sich viele Träume selbst zu erfüllen. Wenn nicht heute, dann gewiss in der Zukunft. Sie haben daher nicht das Gefühl, etwas zu verpassen oder zurückstecken zu müssen. Ihre Zuversicht schenkt ihnen Motivation und Energie und lässt sie Hindernisse überwinden. Daher erreichen sie sowohl privat als auch beruflich viele Ziele. Scheitern sie, kommen sie leichter wieder auf die Füße als Pessimisten. Sie analysieren ihre Fehler zwar, aber sie stellen ihre Fähigkeiten und ihre Persönlichkeit nicht grundsätzlich in Frage. Wenn es dieses Mal nicht funktioniert hat, dann gelingt es bestimmt beim nächsten Versuch. Reichen die eigenen Kenntnisse und Fähigkeiten nicht aus, um eine Aufgabe zu bewältigen, müssen sie sich eben Hilfe suchen und das Projekt gemeinsam mit anderen angehen. Mit dieser Einstellung erweitern sie ständig ihren Horizont und öffnen sich für das Leben. Der Autor Leo Bormans schreibt dazu sehr treffend: »Ein Optimist ist ein Reisender. Hoffnung und Abenteuerlust treiben ihn an. Er ist offen, sucht nach der positiven Kraft in sich und ist bereit für Veränderungen. Er wächst durch den Austausch mit anderen, begibt sich auf die Suche nach dem Sinn des Lebens und inspiriert seine Mitmenschen. Ein Optimist hat immer ein Lächeln auf den Lippen und mit dem Fernglas in der Hand ein klares Ziel vor Augen.«

Zahlreiche wissenschaftliche Untersuchungen haben überdies gezeigt, dass Menschen mit einer positiven Lebenseinstellung seltener unter Stress leiden, weniger krank werden und länger leben als Pessimisten!

Die gute Nachricht lautet: Optimismus ist erlernbar. Mithilfe verschiedener Techniken und Strategien können wir uns eine optimistische Haltung aneignen, die wir nach Möglichkeit ständig nähren sollten, da sie durch äußere Umstände ins Wanken geraten kann. Doch selbst angesichts von Leid und Krisen können wir über uns hinauswachsen und das Leben trotz allem bejahen.

Dieses Buch ist eine Einladung an alle, die ihr Leben selbst in die Hand nehmen und eine optimistische Haltung entwickeln oder festigen möchten. Es bringt Sie auf den neusten Stand der Optimismusforschung, zeigt Ihnen, welche Vorteile eine positive Lebenseinstellung hat, und enthält zahlreiche praktische Übungen und Beispiele zur Förderung Ihrer Selbstwirksamkeit.

Sie können dieses Buch »linear« lesen, also von vorne bis hinten, oder es nach dem Zufallsprinzip an einer beliebigen Stelle aufschlagen. Vielleicht stoßen Sie so auf ein Thema oder auf eine praktische Übung, die Ihnen in einem bestimmten Moment besonders wertvolle Impulse liefern.

Willkommen auf unserer Reise in die Welt des Optimismus.

 ## Selbsttest: Wie optimistisch bin ich?

Hier gleich zu Beginn ein kurzer Test zur Standortbestimmung, wie es um Ihren Optimismus bestellt ist. Beantworten Sie dazu die folgenden Fragen mit Ja oder Nein:

1. Denken Sie häufig: »Ich kann mein Leben nicht steuern und habe nur wenig Einfluss auf meine Zukunft«?

2. Rechnen Sie häufig damit, dass Ihnen etwas Gutes widerfahren wird?

3. Grübeln Sie lange über Ihre Misserfolge nach?

4. Sind Sie sich Ihrer Fähigkeiten und Stärken bewusst?

5. Betrachten Sie sich häufig als ein Opfer der Umstände?

6. Stimmen Sie der folgenden Aussage zu? Ich kann einen Großteil meiner Träume verwirklichen.

7. Fühlen Sie sich angesichts von Problemen im Alltag häufig überfordert oder hilflos?

8. Glauben Sie, mehr positive als negative Eigenschaften zu haben?

9. Machen Sie sich in der Regel noch lange Vorwürfe, wenn Sie einen Fehler gemacht haben?

10. Denken Sie angesichts neuer Aufgaben häufig »Das kann ich« oder »Wenn ich mich einarbeite, werde ich es meistern«?

Zu Frage 1, 3, 5, 7, 9: Wenn Sie mehrere Fragen aus dieser Gruppe mit Ja beantwortet haben, weist dies auf eine pessimistische Haltung hin.

Zu Frage 2, 4, 6, 8, 10: Je mehr Fragen aus dieser Gruppe Sie mit Ja beantwortet haben, desto optimistischer sind Sie.

Notieren Sie sich Ihre Antworten und bewahren Sie sie auf. Wenn Sie mögen, können Sie den Test nach der Lektüre dieses Buches erneut durchführen. Vielleicht hat sich dann ja schon etwas verändert?

Optimisten leben länger

Seit Menschengedenken hat sich auf dem
Gebiet der Krankheit in beeindruckender
Weise erwiesen, dass der Glaube Berge
versetzen kann.
Luis Rojas Marcos

Ein Optimist zu sein hat viele Vorteile. Nicht zuletzt in gesundheitlicher Hinsicht. Zahlreiche Studien aus den letzten zwei Jahrzehnten belegen den Zusammenhang von Optimismus und Gesundheit. Die Ergebnisse sind eindeutig: Menschen mit einer positiven Lebenseinstellung leiden seltener unter Stress und Herz-Kreislauf-Erkrankungen als Pessimisten. Darüber hinaus haben sie ein stärkeres Immunsystem, sind seltener erkältet und weniger anfällig für Lungenerkrankungen. Zudem erholen sie sich generell schneller von Krankheiten und erreichen ein höheres Lebensalter.

Zwar kennt man bisher den genauen Mechanismus noch nicht, der dazu führt, dass optimistische Menschen beispielsweise seltener krank und auch schneller wieder gesund werden, aber prozentual gesehen haben sie in jedem Fall die besseren Karten als Pessimisten.

Das heißt allerdings konkret: Es genügt im Einzelfall möglicherweise nicht, den »Knopf des positiven Denkens zu drücken«, um Krankheiten sicher vorzubeugen. Wir können uns also nicht auf die Formel verlassen: »Ich muss nur optimistisch sein, dann bleibe beziehungsweise werde ich gesund.« Das wäre eine Analogie, die die Tatsachen zu stark vereinfacht. Aber Fakt ist: Mit einer optimistischen Haltung erhöhen wir die Wahrscheinlichkeit, unser Immunsystem zu stärken, Krankheiten vorzubeugen und körpereigene Heilkräfte zu aktivieren, die uns schneller genesen lassen. Und allein diese Tatsache ist doch schon sehr lohnend, oder?

# Veränderung ist stets möglich

*Die größte Entdeckung meiner Generation
ist, dass Menschen ihr Leben ändern können,
indem sie ihre geistige Einstellung verändern.*
William James

Eine positive Haltung lässt sich mithilfe wirksamer Strategien und Techniken fördern. Das ist mittlerweile wissenschaftlich eindeutig belegt. Gerade die Forschung auf dem Gebiet der sogenannten Positiven Psychologie hat in den letzten 25 Jahren stichhaltige Erkenntnisse dazu geliefert. Die gute Nachricht lautet: Veränderung ist stets möglich, egal wie alt man ist. Selbst Menschen, die glauben, von ihrem Wesen her pessimistisch veranlagt zu sein, haben das Potenzial, eine positive Einstellung zu entwickeln.

Ob jemand optimistisch ist, hängt von drei Faktoren ab: von seiner genetischen Veranlagung, von den Lebensumständen beziehungsweise äußeren Einflüssen und davon, was der Einzelne daraus macht.

Die Grundzüge unseres Charakters beziehungsweise unsere Persönlichkeitsmerkmale sind nach Meinung der modernen Wissenschaft zu mindestens 30 Prozent genetisch vererbt. Manche sprechen den Erbanlagen sogar einen weit größeren Einfluss zu. Darüber hinaus prägen zahlreiche äußere Faktoren unser Wesen. Zum Beispiel Umwelteinflüsse, das Umfeld, in dem wir aufwachsen, Ereignisse und Erfahrungen, aber auch die Art und Weise, wie wir das Erlebte subjektiv wahrnehmen und damit umgehen. »Die Gene sind nur die Bühne, auf denen der Mensch tanzen kann«, schreibt die Wissenschaftsjournalistin Christina Berndt in ihrem Buch ›Resilienz – Das Geheimnis der psychischen Widerstandskraft‹.

Wie neuere, faszinierende Untersuchungen zeigen, sind aber selbst unsere Gene in einem gewissen Maße formbar. Äußere Einflüsse – also auch unser Verhalten! – können das Erbgut verändern. »Nicht die Gene sind die höhere Gewalt über das Leben«, schreibt Berndt, »vielmehr hat das Leben eine höhere Gewalt über die Gene.« Wir sind demnach in der Lage, sogar unsere Veranlagungen und unsere Prägungen bis zu einem gewissen Grad zu modifizieren. Wie wir leben und handeln, welche Erfahrungen wir machen, sogar was wir essen, beeinflusst unsere Gene – offenbar reagieren sie sensibel und in ungeahnt komplexer Weise auf alle möglichen Informationen und Wirkstoffe. Unterschiedliche Erfahrungen brennen sich dabei unterschiedlich fest in unsere genetische Festplatte ein. So hinterlässt ein frühkindliches Trauma zum Beispiel eine stärkere, vielleicht später nicht mehr überschreibbare Markierung in den Erbanlagen als eine halbe Stunde Fahrradfahren, wie Berndt zeigt.

Fest steht: Wir sind unseren Genen nicht hoffnungslos ausgeliefert. Positive Erfahrungen wirken sich nicht nur auf unsere Psyche oder unser körperliches Wohlbefinden aus. Potenziell hinterlassen sie auch einen nachhaltigen Abdruck in unseren Genen. Die Wissenschaft arbeitet gerade mit Hochdruck daran, die spannenden Wirkmechanismen und Wechselwirkungen genauer zu erforschen.

Für Menschen, die bisher der Meinung waren, nicht gegen ihr pessimistisches Naturell angehen zu können, bedeuten die bisherigen Erkenntnisse einmal mehr: Wenn sie es wirklich wollen, können sie optimistischer werden.

Frisch in den neuen Tag starten

> *Fange jetzt zu leben an, und zähle jeden Tag*
> *als ein Leben für sich.*
> Seneca

Wir können am Anfang eines neuen Tages selbst etwas dazutun, dass wir ihn mit einem angenehmen, frischen oder gar beschwingten Gefühl beginnen. Und meistens wirkt sich dieses Gefühl auf die gesamte Tagesenergie aus. Hier ein paar Tipps dazu:

- Räkeln Sie sich nach dem Aufwachen zunächst einmal genüsslich im Bett. Strecken Sie die Arme zur Seite und über den Kopf, dehnen Sie Ihre Glieder und machen Sie den ganzen Körper lang. Es ist so einfach. Aber es macht einen großen Unterschied und erfüllt die ersten Minuten mit einem wohltuenden Gefühl.
- Führen Sie nach Lust und Laune eine einfache Visualisierungsübung durch. Stellen Sie sich etwa zwei Minuten lang vor, wie Sie den Tag auf eine angenehme, erfolgreiche, heitere Weise verbringen. Die Chancen, dass Sie einen solchen Tag verleben werden, steigen damit beträchtlich.
- Nehmen Sie kurz nach dem Aufstehen eine Siegerpose ein (diese Übung und ihre beeindruckende Wirkung finden Sie auf Seite 92).

Nach einem solchen positiven Morgenritual sind Sie innerlich gestärkt und besser gewappnet für alles, was an diesem Tag auf Sie zukommen mag.

Eine »Ich-kann-das-Einstellung« entwickeln

Talent, das ist der Glaube an sich selbst,
an die eigene Kraft.
Maxim Gorki

Nur die wenigsten Menschen sind »Überflieger« und »Meister fast jeder Situation«. Wir alle haben gute und schlechte Tage, Höhen und Tiefen. Aber wer über eine positive Lebenseinstellung verfügt, bringt generell die besten Voraussetzungen für eine große Selbstwirksamkeit mit. Das heißt, er ist zuversichtlich, dass er seine Situation aktiv verändern kann.

Optimisten trauen sich viel zu. Sie sind davon überzeugt, vieles bewältigen zu können. Sie empfinden die Welt nicht als Buch mit sieben Siegeln, zu dem sie keinen Zugang finden. Grundsätzlich denken sie: »Ich muss nur die richtigen Schlüssel finden, mir das nötige Wissen oder die entsprechenden Fähigkeiten aneignen, dann werde ich auch weiterkommen. Sie sehen sich als Akteure, als fähige Problemlöser. In der Regel nehmen sie Herausforderungen gerne an und laufen dabei häufig zur Höchstform auf. Probleme und Aufgaben sehen sie grundsätzlich als Chancen, um sich persönlich weiterzuentwickeln.

Aufgrund häufiger Positiverlebnisse – Situationen also, die sie in ihrem Leben bereits gemeistert haben und auf die sie zurückblicken können, empfinden sie sich als »Macher« und haben eine »Ich-kann-das-Einstellung«. Diese Haltung verleiht ihnen Energie, Zuversicht und eine positive Ausrichtung auf die anstehenden Aufgaben und Ziele.

Von Misserfolgen lassen sie sich nicht gleich in die Defensive drängen. Funktioniert der erste Ansatz nicht, suchen sie nach einem neuen Weg, um das Problem in Angriff zu nehmen.

Sie sind experimentierfreudig und kreativ beim Finden neuer Lösungen. Nach dem Motto »Es ist noch kein Meister vom Himmel gefallen« erkennen sie, dass sie Lern- und Entwicklungsprozesse durchmachen, und stellen nicht ständig überzogene Anforderungen an sich selbst. Sie wissen sehr wohl, dass Rom nicht an einem Tag erbaut wurde, sind nachsichtig mit sich selbst und bleiben auf ihr Ziel ausgerichtet, selbst wenn die Kraft und das eigene Vermögen einmal nicht ausreichen und sie Rückschläge hinnehmen müssen.

Wenn wir möglichst oft und besonders angesichts von Herausforderungen eine »Ich-kann-das-Einstellung« entwickeln, können wir viele Situationen beherzt in Angriff nehmen und so eine größere Selbstwirksamkeit fördern.

Das nächste Kapitel zeigt, welche negativen Auswirkungen es haben kann, wenn statt des Gefühls der Selbstwirksamkeit ein Gefühl der Hilflosigkeit vorherrscht.

Das Gesetz
der erlernten Hilflosigkeit

*Ein dauerhaftes Gefühl von Hilflosigkeit hat
vernichtende Auswirkungen auf die mensch-
liche Psyche. Wer sich gegenüber einem widrigen Schicksal machtlos fühlt und sieht, dass
sich nichts ändert oder besser wird – egal was
er auch tut –, der neigt mit der Zeit zu Apathie
und Fatalismus – dazu, unter dem Druck
und den Herausforderungen des Lebens »das
Handtuch zu werfen«.*
Luis Rojas Marcos

Das Gefühl, ob man in einer Situation handlungsfähig
ist oder sie kontrollieren kann, hat verblüffende Auswirkungen auf das eigene Verhalten – und zwar unabhängig
davon, ob dieses Gefühl objektiv betrachtet zutrifft oder
nicht. Menschen, die sich in einer unangenehmen oder
widrigen Lage hilflos oder ausgeliefert fühlen, entwickeln
häufig eine pessimistische, ja sogar fatalistische Einstellung und reagieren mit Resignation. Das Bemerkenswer-
te dabei ist, dass sie dieses Verhalten oft auf andere Situationen übertragen. Man spricht in diesem Fall von einer
»erlernten Hilflosigkeit«. Menschen, die dagegen der Mei-

nung sind, ihre Lage selbst positiv beeinflussen zu können, handeln generell aktiver, entschlossener und optimistischer. Die folgenden Beispiele veranschaulichen diesen Zusammenhang sehr plastisch:

Der spanische Psychiater Luis Rojas Marcos berichtet in seinem Buch ›Lebe lieber glücklich‹ von einer Studie, bei der einer Gruppe von Studenten Tests mit Aufgaben vorgelegt wurden, die sie lösen sollten. Allerdings sagte man ihnen nicht, dass die Aufgaben unlösbar waren. In einem zweiten Schritt erhielten diese Studenten und eine Vergleichsgruppe Tests mit lösbaren Aufgaben. Die Probanden, die im ersten Schritt naturgemäß nur frustrierende Ergebnisse erzielt hatten, waren bei der zweiten Testserie deutlich weniger motiviert, die neuen Aufgaben zu lösen, als die unvoreingenommene Vergleichsgruppe. Aufgrund ihrer negativen Erwartungshaltung gab ein Großteil von ihnen bei der zweiten Versuchsreihe rasch oder sogar von vornherein auf.

Dieses Phänomen belegt auch die Studie des Psychologen Donald Hiroto, von der Martin Seligman, der Begründer der Positiven Psychologie, in seinem Buch ›Flourish‹ berichtet. Bei dieser Studie wurden Teilnehmer aus zwei zufällig zusammengestellten Gruppen mit einem unangenehm lauten Ton beschallt. Die Probanden der ersten Gruppe konnten das Geräusch durch Betätigung eines Knopfs abstellen. Die zweite Gruppe hatte diese Möglichkeit nicht. Egal was diese Teilnehmer unternahmen, sie waren dem lästigen Geräusch ausgeliefert, wann immer es ertönte.

Der zweite Teil der Studie fand am nächsten Tag an

einem anderen Ort statt: Während die Probanden ihre Hand in einen Kasten hielten, wurden sie abermals mit einem lauten Ton beschallt. Der Ton verstummte, sobald sie die Hand innerhalb des Kastens zur Seite bewegten. Die Teilnehmer aus der ersten Gruppe reagierten in der Regel rasch und erkannten schnell, was sie tun mussten, um den unangenehmen Ton abzuschalten. Die Probanden aus der zweiten Gruppe jedoch, die im ersten Versuchsteil keine Möglichkeit gehabt hatten, den Ton auszuschalten, reagierten zum Großteil nicht, sondern blieben reglos sitzen und erduldeten das Geräusch.

Ihnen war im ersten Teil des Versuchs vermittelt worden, dass sie ihre Situation nicht verändern konnten. Sie hatten das Gefühl des Ausgeliefertseins verinnerlicht und übertrugen es auf die neue Situation, obwohl sie nun in der Lage gewesen wären, sie zu kontrollieren. Sie hatten ihre Hilflosigkeit erlernt.

Diese Beispiele zeigen, dass Menschen, die von ihrer Selbstwirksamkeit überzeugt sind – die also zuversichtlich sind, grundsätzlich etwas an ihrer Situation verändern zu können –, angesichts von Problemen und Herausforderungen entschlossener und aktiver handeln. Ein dauerhaftes Gefühl von Hilflosigkeit jedoch untergräbt eine positive Haltung, führt zu Pessimismus, Hoffnungslosigkeit und Resignation.

Wie Martin Seligman zeigt, resignieren allerdings nicht alle Menschen, die einer unangenehmen Erfahrung hilflos ausgesetzt sind. In zahlreichen Studien mit einem ähnlichen

Versuchsaufbau wie dem oben beschriebenen übertrugen circa ein Drittel der Versuchsteilnehmer ihre Hilflosigkeit nicht auf die neue Situation. Sie handelten aktiv und kontrollierten somit ihre Lage. Etwa ein Zehntel resignierte bereits zu Beginn der Studie und verhielt sich passiv. Diese Beobachtung kommentiert Seligman so:

»Wir wollten herausfinden, wer niemals hilflos wurde, und deshalb betrachteten wir systematisch die Art und Weise, auf die Menschen, die wir nicht hilflos machen konnten, schlechte Ereignisse interpretieren. Wir fanden heraus, dass Menschen, die glauben, dass die Ursachen für Rückschläge in ihrem Leben vorübergehen, veränderbar und lokal begrenzt sind, im Labor nicht so schnell hilflos werden. Wenn diese Menschen im Labor mit unentrinnbarem Lärm bedrängt werden oder in der Liebe auf Zurückweisung treffen, so glauben sie: *Das geht schnell vorüber, ich kann etwas dagegen unternehmen, und das trifft nur auf diese eine Situation zu.* Sie erholen sich schnell von Rückschlägen und sie bringen einen beruflichen Rückschlag nicht mit nach Hause. Wir nennen sie Optimisten. Im Gegensatz dazu werden Menschen, die gewohnheitsmäßig denken: *Das wird ewig dauern, es wird alles unterminieren und ich kann nichts dagegen tun*, im Labor schnell hilflos. Sie erholen sich nicht von Niederlagen und sie nehmen ihre Eheprobleme mit an ihren Arbeitsplatz. Wir nennen sie Pessimisten.«

Die Optimisten in den Studien reagierten aufgrund ihrer gefestigten Haltung resilient auf die Schikanen, denen sie ausgesetzt waren. Sie ließen sich nicht kleinkriegen, vertrauten auf ihre eigenen Stärken und suchten kreativ nach Lösungen, um ihre Situation zu verändern. Daher setzten sie sich erfolgreich gegen das lähmende Gefühl der Hilflosigkeit zur Wehr, das andere Versuchsteilnehmer bereits nach kurzer Zeit verinnerlicht hatten.

Das chronische Gefühl, keine Kontrolle über die eigenen Lebensumstände zu haben, ist nach Seligman der Kern des Pessimismus. Das heißt im Umkehrschluss: Wir sollten unsere Selbstwirksamkeit unbedingt fördern, wenn wir optimistisch werden oder bleiben wollen. In diesem Buch finden Sie zahlreiche Tipps dazu, wie das gelingen kann.

Sehen wir uns nun an, welch entscheidende Rolle unsere Motivation und Begeisterungsfähigkeit dabei spielen.

Lebensmotor Motivation

Formel meines Glücks: ein Ja,
ein Nein, eine gerade Linie, ein Ziel.
Friedrich Nietzsche

Wie bereits erwähnt, haben Optimisten häufig ein überbordendes Selbstvertrauen, große Aufgaben bewältigen zu können. Das liegt – neben einigen anderen Aspekten – nicht zuletzt an ihrer Motivation und Begeisterungsfähigkeit.

In der Regel gibt es in jedem Bereich und für jede Aufgabe stets andere Menschen, die intelligenter, geschickter, erfahrener oder begabter sind, denen es möglicherweise aufgrund ihres Wissens und ihrer Fähigkeiten grundsätzlich leichterfallen würde, bestimmte Probleme zu lösen. Aber darauf kommt es häufig gar nicht an. Reines Können und Vermögen reichen nicht aus, um eine Aufgabe zu bewältigen. Ausschlaggebend ist in vielen Fällen unsere innere Motivation und die Begeisterung für eine Sache. Das sind die stärksten Motoren, die unsere Willenskraft beleben, uns die nötige Energie schenken und uns antreiben. Optimismus und Motivation verstärken sich gegenseitig. Sind wir motiviert, fördert das auch unsere optimistische

Haltung. Und wenn wir optimistisch sind, wirkt sich das positiv auf unsere Motivation aus.

Ein hervorragendes Buch, das zeigt, wie jeder seine eigene Motivation sowie die anderer Menschen wecken kann, ist Michael V. Pantalons ›Motivation. Wie Sie sich und andere schnell und erfolgreich motivieren‹. Einer der wesentlichen Schlüssel besteht darin, die Beweggründe für das eigene Tun zu erkunden. Das heißt, in puncto Motivation geht es wie bei so vielen Dingen im Leben darum, authentisch zu sein, zu sich selbst zu finden und sich treu zu bleiben. Wenn wir etwas nur aus Verpflichtung machen, weil wir es tun »sollten« oder »müssten« oder gar aufgrund von Schuldgefühlen, werden wir nie mit demselben Engagement dahinterstehen wie in den Fällen, in denen wir einen inneren überzeugenden Antrieb spüren.

Wenn unsere Leidenschaft für ein Projekt erst einmal so richtig entbrannt ist, sind wir in der Regel überaus motiviert. Wir sind voller Neugier und entwickeln eine Art Entdeckergeist. Äußerst konzentriert richten wir uns auf unser Ziel aus, lernen wissbegierig Neues dazu und überwinden kreativ Hindernisse, die vor uns auftauchen. Wir verfolgen unsere Vision mit großem Engagement und erleben gleichzeitig Hochgefühle, weil wir spüren, dass wir auf dem richtigen Weg – unserem Weg – sind, der uns Zufriedenheit und Erfüllung schenkt.

Ein sehr schöner »Nebeneffekt« ist die Tatsache, dass wir andere Menschen mit unserer Begeisterung anstecken können. Wenn unsere Leidenschaft für etwas entflammt, verändert sich unsere Ausstrahlung. Wir entwickeln eine innere Kraft und Energie, die so positiv wirkt, dass sie sich auf andere überträgt. Wir sind zuversichtlich gestimmt, gut gelaunt und wachsen förmlich über uns selbst hinaus.

Unsere Motivation ist ein kostenloser Motor, der uns auf allen Lebensebenen beflügeln kann. Daher sollten wir uns intensiv darum bemühen herauszufinden, was unsere Begeisterung und damit unsere Motivation weckt.

Das Feuer der Begeisterung entfachen

Befassen Sie sich so oft wie irgend möglich mit Dingen, die Sie wirklich begeistern. Wichtig ist nicht, was andere von Ihnen erwarten, sondern was für Sie selbst eine Bedeutung hat. Wahre Erfüllung können Sie nur finden, wenn Sie sich Dingen widmen, die Ihnen persönlich entsprechen. Was inspiriert Sie, was lässt Ihr Herz schneller schlagen? Falls Sie sich darüber noch nicht im Klaren sind, sollten Sie sich fest vornehmen, es herauszufinden. Dabei sind allein Sie der Maßstab, was für Sie erfüllend ist. Noch einmal, da man es nicht oft genug sagen kann: Was andere Menschen als wichtig erachten, zählt letztlich nicht. Wenn Sie sich zu stark darauf ausrichten, den Vorstellungen anderer zu entsprechen, leben Sie an Ihrem eigenen Leben vorbei und laufen Gefahr, Ihre Begeisterungsfähigkeit und Energie zu verlieren, die so wichtig sind, wenn Sie optimistisch bleiben und Ihre Träume verwirklichen wollen.

Machen Sie sich auf die Suche nach Ihrem eigenen Lebenssinn!

Falls Sie noch nicht wissen, wofür Sie brennen, hier ein paar Anregungen. Die Liste ist selbstverständlich endlos erweiterbar:

Suchen Sie nach neuen Impulsen, probieren Sie andere Hobbys aus, lernen Sie neue Leute kennen, schlagen Sie hin und wieder ungewohnte Pfade ein, seien Sie experimentierfreudig – die Welt ist so groß und bunt! Erkunden Sie Neuland, erlernen Sie eine neue Sprache oder machen Sie einen Tanzkurs, bleiben Sie neugierig, lesen Sie andere Bücher als gewöhnlich, sehen Sie sich Filme einer anderen Gattung an als normalerweise, probieren Sie eine neue Sportart aus. Fördern Sie Ihre Achtsamkeit (s. a. S. 63 ff.). Begegnen Sie der Welt mit Entdeckergeist. Schärfen Sie Ihre Sinne für die zahllosen Wunder und Abenteuer, die Ihnen jeden Tag selbst in Kleinigkeiten begegnen und Sie inspirieren können: Beobachten Sie eine Spinne beim Netzbau oder ein Eichhörnchen, das tollkühn und mit eleganter Artistik von Ast zu Ast springt. Werden Sie sich der reifen Ähren eines Weizenfelds bewusst, die sich sanft im Wind wiegen, achten Sie auf das beeindruckende Schauspiel der Pollenstaubwolken, die sich in manchen Jahren üppig aus den Blüten der Fichten herauslösen und alles in einen gelben Nebel hüllen … Und nicht zuletzt: Umgeben Sie sich mit enthusiastischen, optimistischen Menschen. Kaum etwas ist inspirierender.

Die Botschaft eines Traums

Ich habe einen Traum: Ich sehe lauter querschnittsgelähmte Menschen. Die einen spielen engagiert und fröhlich Rollstuhlbasketball, andere versuchen ohne fremde Hilfe in ihren Rollstuhl zu kommen. Mithilfe ihrer Krücken nehmen sie Anlauf und schwingen sich behände hinein. Die einprägsamste Szene aber ist die zweier Männer, die mit Krücken am Rande eines Strands stehen. Sie wollen unbedingt einen Strandspaziergang machen. Sie blicken sich kurz an und nicken sich zu, dann legen sie los. Entschlossen schwingen sie ihre Krücken jeweils etwa einen Meter nach vorn und ziehen ihre Beine dann kraftvoll hinterher. Ich spüre den starken Impuls, das unbedingte Wollen der beiden, autark, aus eigener Kraft vorwärtszukommen. Mit all ihrer Energie stemmen und wuchten sie sich nach vorn und treiben sich dabei gegenseitig an. Es ist ein Stück Freiheit, das sie sich erkämpfen und um keinen Preis nehmen lassen werden. Gleichzeitig spüre ich, wie normal dieser Spaziergang für sie ist. Trotz der Anstrengung unterhalten sie sich und genießen Wetter, Strand und Meer.

Als ich aufwache, weiß ich, dass der Traum mir etwas sagen will. Am Abend zuvor war ich unzufrieden zu Bett gegangen. Ich hatte den Tag irgendwie »verpasst«, längst nicht das geschafft, was ich mir vorgenommen hatte. Mein Geist war träge gewesen und hatte sich nicht aus dieser Langsamkeit und Unbeholfenheit herausholen lassen. Trotzdem hatte ich immer weitergearbeitet, hatte versucht, am Computer sitzend mir Texte herauszuzwingen – in einem Zustand, in dem ich lieber an die frische Luft gegangen, Musik gehört, etwas gekocht oder sogar geputzt hätte, um mich neu zu sortieren und umzupolen.

Schließlich war ich völlig ermattet ins Bett gesunken, mit dem unbefriedigenden Gefühl, an diesem Tag so gut wie nichts erreicht zu haben.

Und dann dieser Traum – ich deutete ihn so: Die Entschlossenheit der Querschnittsgelähmten zeigt mir, dass auch ich Kraft habe, selbst wenn ich mich behindert und unzulänglich fühle. Ich muss sie nur einsetzen, mir bewusst machen, dass ich den positiven Impuls des Traums für mich nutzen kann. Ich will mir ein Beispiel an diesen mutigen Kämpfern nehmen, die ihrer Eingeschränktheit trotzen und sich die Lust und Freude am Leben nicht nehmen lassen – und die es natürlich vor allem in der Wirklichkeit und nicht nur in meinem Traum gibt. Volle Kraft voraus lautet also das Motto und – jetzt erst recht!

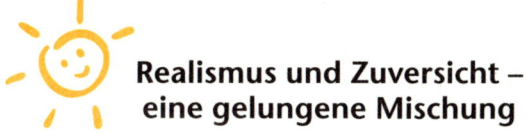

Realismus und Zuversicht – eine gelungene Mischung

Wahre dir den vollen Glauben
an diese Welt, trotz dieser Welt!
Theodor Fontane

Optimisten sind realistisch, denn sie stehen mit beiden Beinen im Leben und wissen, dass man die Realität nicht nach dem Vogel-Strauß-Prinzip verdrängen kann. Angesichts von Problemen und Herausforderungen hilft es nichts, dauerhaft den Kopf in den Sand zu stecken und die Augen vor der Wirklichkeit zu verschließen. Manche Probleme können sich zwar tatsächlich von selbst auflösen, wenn man etwas abwartet und Distanz dazu gewinnt, aber es gehört zur Kategorie »fatales Wunschdenken«, dieses Prinzip für sich zum Lebensmotto zu erklären. Schließlich lassen sich viele Dinge eben nur klären oder überwinden, wenn man sich ihnen stellt und aktiv Lösungen dafür sucht. Optimismus hat daher nichts mit Naivität oder Blauäugigkeit zu tun.

Als der Ökonom und Kapitalismuskritiker Max Otte vor Kurzem in einem Fernsehinterview mit Frank Markus Barwasser alias Erwin Pelzig mit einem Zitat des Kulturhistorikers Oswald Spengler sagte: »Optimismus ist Feigheit«, ging er offensichtlich von einer solchen realitätsverdrängenden Haltung aus, mit der etwa Politiker – zumindest der Öffentlichkeit gegenüber – häufig angesichts drohender wirtschaftlicher oder anderer Krisen die Augen verschließen und versuchen, die Dinge schönzureden.

Nein, es wäre ein falsches Optimismusverständnis zu glauben, dass alles am Ende gut wird. Wahre Optimisten sind realistisch. Sie wissen, dass die Welt kein paradiesischer Ort ist, wo stets »das Gute« siegt. Sie sind sich der Fehlbarkeit von Menschen bewusst und negieren weder Katastrophen, Misserfolge oder Probleme.

Vielmehr beziehen sie eine klare Position zu den Ereignissen in ihrem unmittelbaren Umfeld und der Welt. Sie nehmen sich das Recht, sich – bei aller Empathie – nicht für jedes Problem verantwortlich zu fühlen, hin und wieder einen gesunden Abstand zu wahren und Anforderungen so zu dosieren, dass sie davon nicht überfordert oder blockiert werden. Sie gehen schonend mit ihren Ressourcen um und sind daher weniger anfällig für einen Burnout. Sie gehören nicht zu denjenigen, die das Gefühl haben, das gesamte »Weltenleid« laste auf ihren Schultern und drücke sie nieder. Sie haben erkannt, dass es niemandem etwas nutzt, wenn man ständig über Missstände, Ungerechtigkeit und Elend jammert und sich auf diese Weise auch noch den letzten Funken Energie raubt, nur um am Ende in einer Position der Lethargie festzuhängen, die einen passiv und handlungsunfähig werden lässt.

Optimisten bewahren trotz allem Realismus eine positive Lebenseinstellung. Sie nehmen Anteil an der Welt und sind mitfühlend. Sie tauschen sich mit anderen über all die kleinen und großen Katastrophen aus, aber ihnen ist bewusst, dass sie nicht die ganze Welt retten können, und sie bleiben nicht im Jammertal des Elends hängen. Im Gegenteil: Sie sind in der Lage, belastende Themen hinter sich zu lassen und sich gezielt zu entscheiden, welchem Problem sie sich widmen wollen. Dieses gehen sie konstruktiv an und erreichen auf diese Weise weitaus mehr als die ewigen Zweifler und Beschwörer des Weltuntergangs. Daher lautet ein wichtiges Motto für Optimisten:

Dem Leben mit wachen Sinnen begegnen, die eigenen Grenzen erkennen und rücksichtsvoll mit sich selbst umgehen!

Gut zu sich selbst sein

Tanze, als ob dir niemand zuschauen würde;
liebe, als ob du noch nie verletzt worden
wärst. Singe, als ob niemand zuhören würde;
lebe, als wäre der Himmel auf Erden.
Mark Twain

Es ist wichtig, regelmäßig Dinge zu tun, die uns Freude bereiten oder uns einfach guttun. Dadurch kommen wir in eine Balance und können mit anstrengenden, belastenden oder auch ärgerlichen Situationen besser umgehen. Vergnügen und Freude wirken motivierend und helfen uns, eine neue Perspektive auf die Dinge zu entwickeln. Wenn wir etwas tun, was uns Spaß macht, ist das wie eine Belohnung und sorgt dafür, dass wir unsere Aufgaben und Verpflichtungen danach mit neuem Elan und neuer Zuversicht in Angriff nehmen können.

Egal ob im Job, in der Familie oder im Freundeskreis, wir benötigen dringend einen Ausgleich, um Anspannung und Stress entgegenzuwirken. Manchmal vergessen wir allerdings, uns etwas Gutes zu tun – etwa wenn wir uns zu sehr von unserem Alltag vereinnahmen lassen, uns zu tief in die Arbeit vergraben oder unsere Sorgen uns zu sehr niederdrücken. Es ist ratsam, sich in einem positiven, starken Moment für solche Fälle zu rüsten.

Überlegen Sie sich, welche Dinge Ihnen Freude bereiten und was Ihnen so richtig guttut, und schreiben Sie es auf. Das können manchmal auch Kleinigkeiten zwischendurch sein. Strukturieren Sie Ihren Tag nach Möglichkeit so, dass er mehrere Auszeiten enthält. Manche davon können sehr kurz sein. Selbst kleine Pausen haben eine enorm positive Wirkung. Planen Sie aber auch längere »Termine mit sich selbst« ein und machen Sie in dieser Zeit etwas, das Ihnen Spaß macht und Ihre Batterien wieder auflädt.

Machen Sie nicht zu viele Kompromisse! Nehmen Sie die Termine mit sich selbst ernst und wichtig. Sorgen Sie für regelmäßigen Ausgleich, am besten *bevor* Sie das Gefühl haben, aus der Balance zu kommen. Wer sich ausgelaugt, müde, gestresst und überfordert fühlt, dem fällt es langfristig schwer, eine optimistische Haltung zu bewahren und den Alltag zu meistern.

Tipp: Setzen Sie für jeden Tag mindestens einen Termin mit sich selbst fest. Ob Sie diesen dann allein oder mit anderen Menschen gestalten, ist Ihnen überlassen. Wichtig ist nur, dass Sie morgens beim Aufstehen schon wissen, was Sie tun werden. Denn auf diese Art und Weise haben Sie gleich zu Tagesbeginn etwas, worauf Sie sich freuen können. Diese Freude beziehungsweise Vorfreude fördert Ihre Motivation und lässt Sie dem neuen Tag zuversichtlicher entgegensehen.

Eine spielerische Möglichkeit für zusätzliche Mini-Auszeiten kann die folgende Variante sein:

Die »Überraschungsbox«

Besorgen Sie sich einen Stapel Karteikarten und schreiben Sie auf jede Karte etwas, das Ihnen Spaß macht oder Ihnen so richtig guttut. Sie sollten hier Dinge auswählen, die Sie selbst ohne große Vorbereitung umsetzen können.

Legen Sie die beschrifteten Karteikarten dann in eine hübsche Schachtel oder schön verzierte Box. Es wirkt vielleicht schon positiv, wenn der Behälter für Ihre Wohlfühlmomente wie ein kleines Schatzkästchen aussieht. Schließlich befinden sich ja auch wertvolle Dinge darin, die nur darauf warten, von Ihnen erlebt und ausgekostet zu werden. Gehören Sie zu den Menschen, denen die äußere Form solcher Gegenstände nicht so wichtig ist, genügt auch ein einfacher Schuhkarton.

Immer wenn Sie sich eine Auszeit mit einem gewissen Überraschungseffekt gönnen möchten, gehen Sie zu Ihrem Schatzkästchen und ziehen blind eine Karteikarte heraus. So kommen Sie in den Genuss eines schönen Erlebnisses, ohne vorher genau zu wissen, worum es sich handelt. Das gibt manchen Menschen den gewissen »Kick« und fördert ihren persönlichen Antrieb.

Wenn Sie zum Beispiel eine dröge Arbeit zu erledigen haben, können Sie gleich zu Beginn festlegen, sich nach einer

gewissen Zeit mit einem Erlebnis aus Ihrer Überraschungsbox zu belohnen. So steht Ihnen in jedem Fall etwas Schönes bevor, auf das Sie sich im Vorhinein freuen können.

Im Folgenden finden Sie ein paar Anregungen für Ihre
Sammlung von kurzen Wohlfühlmomenten, die manchmal sogar eine beinahe magische Wirkung entfalten können. Der Fantasie sind hier keine Grenzen gesetzt. Werden
Sie kreativ – Ihrem eigenen Wohlbefinden zuliebe.

Magische Wohlfühlmomente

- 5-Minuten-Kopfmassage
- Lieblingstee zubereiten und genussvoll trinken
- Ein Stück Schokolade auf der Zunge zergehen lassen
- Energiespendende Akupressurpunkte drücken (s. a. S. 41)
- Eine Atemmeditation durchführen (s. a. S. 100)
- 5-Minuten-Spaziergang mit allen Sinnen
- Lieblingsmusik hören
- Zu einem Lieblingssong tanzen
- 5-Minuten-Yoga praktizieren
- Einmal die Treppen im Bürogebäude hochlaufen, um
  den Kreislauf in Schwung zu bringen
- Eine Siegerpose einnehmen (s. a. S. 92)
- In den Garten oder einen Park gehen und bewusst an
  einer duftenden Blume schnuppern

- Die Lichtmeditation durchführen (s. S. 81 ff.)
- Die Füße bei warmem Wetter in einen Bach, Fluss oder See eintauchen. Falls kein Gewässer in der Nähe ist, tut es auch ein Wassereimer auf der Terasse oder dem Balkon
- Die Kraft eines Baums tanken (s. a. S. 73 ff.)
- Ein Sudoku lösen
- Eine/n Freund/in oder ein Familienmitglied anrufen und ihr/ihm etwas Nettes sagen
- Am Schreibtisch sitzenbleiben, die Augen schließen und fünf Minuten bewusst atmen
- Mit dem Fahrrad zur Eisdiele fahren und ein Eis kaufen
- Sich auf eine grüne Wiese legen und tagträumend in den Himmel schauen
- Mit einem Kollegen/einer Kollegin eine Tasse Kaffee trinken gehen
- Ein paar Blumen aus dem eigenen Garten pflücken (falls vorhanden) und sie in einer schönen Vase auf den Schreibtisch stellen oder beim nächsten Blumengeschäft einen bunten Strauß zur eigenen Erbauung besorgen
- Sich mit einem Stück Erdbeerkuchen mit Schlagsahne oder einem anderen »Lieblingskuchen« aus der Konditorei um die Ecke verwöhnen
- Fünf Minuten barfuss über eine Wiese laufen

Manche dieser Wohlfühlmomente lassen sich beliebig ausweiten oder mit anderen kombinieren. Und wann genehmigen Sie sich den nächsten? Wenn Sie Lust haben, können Sie sofort zwei einfache Übungen durchführen. Sie dauern nur ein bis zwei Minuten.

Blitz-Energie mit Akupressur

Hier zwei superkurze Übungen mit Sofortwirkung, wenn Sie einen schnellen Energieschub brauchen:

Ohr-Kick

Nehmen Sie die Ränder Ihrer Ohren jeweils zwischen den Daumen (auf der einen Seite des Ohrs) und Zeige- und Mittelfinger (auf der anderen Seite des Ohrs) und kneten Sie sie etwa zwei Minuten lang kräftig. Dabei biegen Sie die Ohrränder leicht nach außen. Das bringt den Kreislauf in Schwung und schenkt Ihnen einen Frischekick.

Finger-Power-Booster

Einem Energietief können Sie auch mit dem folgenden Fingergriff entgegenwirken. Drücken Sie die obere Gliedbeuge des kleinen Fingers 30 Sekunden lang kräftig. Führen Sie die Akupressur nacheinander bei beiden Händen durch. So stimulieren Sie den Energiefluss im Körper und werden munterer.

Wenn wir ausgeruht und energievoll sind, fördern wir unsere Präsenz, Motivation und Kreativität. Beste Voraussetzungen für unseren Optimismus.

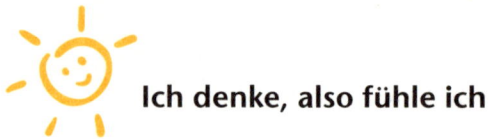 **Ich denke, also fühle ich**

Das Leben besteht nicht in erster Linie – und nicht einmal hauptsächlich – aus Fakten und Ereignissen. Es besteht hauptsächlich aus dem Sturm von Gedanken, die uns unablässig durch den Kopf ziehen.
Mark Twain

Unsere Gefühle basieren häufig auf unseren Gedanken und nicht etwa auf äußeren Ereignissen, dem, was uns widerfährt. Fällt jemand zum Beispiel durch die Führerscheinprüfung, hat er eine breite Palette an Möglichkeiten, das zu bewerten. Je nachdem, wie er die Situation einschätzt, werden unterschiedlichste Gefühle hervorgerufen.

Ein Pessimist denkt möglicherweise: »Ich hab's mal wieder verbockt. Ich bin einfach völlig unbegabt oder zu blöd zum Autofahren. Und wenn mir dann auch noch der Prüfer im Nacken sitzt, geht gar nichts mehr. Ich habe jetzt schon Angst vor der Wiederholungsprüfung. Bestimmt bin ich noch aufgeregter und werde wieder durchfallen.« Ein Optimist könnte dagegen zu sich sagen: »Ich hatte heute einfach keinen guten Tag. Außerdem war es wirklich Pech, dass die Geschwindigkeitsbegrenzung so schlecht zu sehen war. Ist ja kein Wunder, dass man da mit zu hohem Tempo vorbeirauscht und zu spät vom Gas geht. Beim nächsten Mal werde ich ausgeschlafener und noch aufmerksamer sein, dann wird es schon klappen.«

Die Gedanken der beiden Fahrschüler führen zu gänzlich unterschiedlichen Gefühlen. Der eine ist extrem verunsichert und zweifelt an sich selbst, der andere schiebt sein Scheitern auf die äußeren ungünstigen Umstände und seine schlechte Tagesverfassung, die er als etwas Vorübergehendes betrachtet. Danach richtet er sich sofort positiv auf die nächste Fahrprüfung aus. Objektiv gesehen sind beide durchgefallen, doch negative beziehungsweise positive Denkmuster führen zu einer unterschiedlichen Bewertung ihrer Situation. Daher geht es häufig nicht darum, welche *Gefühle* ein Ereignis bei uns hervorruft, sondern darum, wie wir darüber *denken* und zu welchen Gefühlen hinwiederum diese Gedanken führen.

In vielen Fällen gilt also das Prinzip: Ich denke (bestimmte Dinge), also fühle ich (auf eine bestimmte Weise). Die gute Nachricht lautet demnach: Da die Gefühle häufig auf die Gedanken folgen, lassen sie sich gezielt verändern. Wollen Sie Ihren Optimismus fördern, sollten Sie daher bewusst auf negative Denkmuster achten, die sich schnell in einer Art Dauerschleife im Kopf festsetzen. Sobald Sie solche Muster oder Gewohnheiten erkennen, können Sie konkret etwas verändern. Im nächsten Abschnitt finden Sie weitere Hinweise und praktische Tipps dazu.

 **Regie führen**

Der Geist ist eine Welt für sich, in der
die Hölle zum Himmel und der Himmel
zur Hölle werden kann.
John Milton

Wir haben es zu einem großen Teil selbst in der Hand, welche Gedanken uns durch den Kopf gehen, welche Bilder
wir zulassen. Kreisen ständig Ängste und Sorgen durch unseren Geist, wirkt sich das selbstverständlich auf unsere
Stimmung aus. Jemand, der sich permanent mit negativen
Vorstellungen belastet, wird kaum noch fröhlich und zuversichtlich sein können. Wie soll er die Kraft haben, eine
Krise zu überwinden, wenn er nur von Leid und Scheitern
spricht?

So ähnlich, wie wir uns für ein Fernsehprogramm entscheiden, haben wir meistens auch die Wahl, welches
»Programm« in unserem Kopf läuft. Lesen wir zum Beispiel den ganzen Tag lang negative Schlagzeilen, ist unser Kopf voll mit entsprechenden Bildern. Wir haben die
Wahl, wie viel Raum wir solchen Bildern geben, welche
Szenen wir aneinanderreihen, welche dadurch hervor-
gerufenen Gefühle wir fördern wollen. Wir können uns zu

Recht als Regisseur unseres eigenen Films betrachten, der in der Schaltzentrale darüber bestimmt, was gesendet und was ausgeblendet wird. Daher sollten wir uns fragen, wie der Film aussehen soll, der in unserem Kopfkino läuft. Gewisse schwierige Anteile des Lebens lassen sich natürlich nicht dauerhaft verdrängen. Aber welches Maß für uns zu welchem Zeitpunkt verträglich und sinnvoll ist, das können wir zu einem großen Teil selbst entscheiden.

Als kluge Regisseure sollten wir zunächst aufmerksam in uns hineinhören. Wir sind nicht immer gleich gut für schlechte Nachrichten gewappnet. Es gibt Tage und Momente, in denen wir dünnhäutiger sind, in denen unser psychischer Schutzschild schwach ist und wir unserer Seele zu viel zumuten, wenn wir alle möglichen Informationen oder Sorgen ungefiltert auf uns einwirken lassen. In solchen Momenten sollten wir möglichst wachsam sein, sollten spüren, wie verletzlich wir sind, und schwierige oder belastende Dinge nach Möglichkeit auf einen anderen Zeitpunkt verschieben. Fühlen wir uns wieder energiegeladen und ausgeglichen, können wir mit den meisten Dingen besser umgehen. Unser Schutzschild ist dann stärker und schirmt unsere Seele automatisch gegen Negativität und so manch kleine und größere Katastrophen des Alltags ab.

Wir sollten auf uns selbst achten und schonend mit uns umgehen, um uns unseren Optimismus und unsere Resilienz – unsere psychische Widerstandskraft – langfristig zu bewahren. Machen wir uns also zum Regisseur unseres Gedankenprogramms und steuern wir es wachsam und mit kluger Hand.

Praktische Tipps

- An einem Tag, an dem Sie sich besonders sensibel oder dünnhäutig fühlen, sollten Sie sich nicht ständig die Nachrichten im Fernsehen anschauen, sondern sie einmal ganz auslassen. Wenn Sie trotzdem darüber informiert sein wollen, was in der Welt los ist, können Sie auch Radio hören oder Zeitung lesen. So vermeiden Sie die negativen Bilder, mit denen das Fernsehen uns ständig bombardiert. Manchmal tut auch ein Schontag sehr gut, an dem man sich überhaupt nicht mit irgendwelchen Nachrichten konfrontiert. Am nächsten Tag ist noch genug Gelegenheit dazu.

- Unterbrechen Sie negative Gedankenspiralen. Häufig textet unsere innere Stimme uns gebetsmühlenartig mit pessimistischen Aussagen zu, die uns automatisch auf die Stimmung schlagen, ohne dass uns dieser Zusammenhang wirklich bewusst wäre. Hinterfragen Sie verallgemeinernde negative Sätze wie: »Es war ja klar, dass ich den Job nicht bekomme. Ich kann mich einfach nicht überzeugend präsentieren, schon gar nicht in einer so stressigen Situation wie einem Vorstellungsgespräch. Die nächste Bewerbung ist bestimmt auch zum Scheitern verurteilt.« Versuchen Sie solche generalisierenden Behauptungen, die alles in ein negatives Licht tauchen, positiv umzuformulieren. Zum Beispiel so: »Vielleicht passt dieser Job gar nicht so gut zu mir. Wenn ich von etwas wirklich überzeugt bin, kann ich mich auch gut präsentieren. Außerdem hat die Chemie zwischen der Personalmanagerin und mir nicht gestimmt. Deshalb ist es mir heute schwergefallen, locker zu bleiben. Beim nächsten Gespräch werde ich mich mehr auf meine Stärken und Fähigkeiten konzentrieren, dann wird es bestimmt besser laufen.«

- Verschieben Sie konfliktträchtige Gespräche auf einen günstigen Moment. Muten Sie sich, wenn möglich, so etwas nicht gerade dann zu, wenn Sie sich besonders verletzlich oder gestresst fühlen oder wenn Sie merken, dass Sie emotional so aufgeladen sind, dass Sie bei einer Auseinandersetzung nicht sachlich bleiben könnten. Es gibt einen guten Zeitpunkt für die meisten Dinge. Wählen Sie solche Momente gezielt aus. Dann werden Sie mit Sicherheit mehr Positiverlebnisse verbuchen können.

- Rufen Sie sich zwischendurch bewusst angenehme Erinnerungen ins Gedächtnis, anstatt gedanklich ständig um Ihre Sorgen oder negativen Erfahrungen zu kreisen. Wenn Sie feststellen, dass etwas Sie belastet, sollten Sie sich hin und wieder eine kleine Auszeit gönnen. Manchmal kann es schon extrem hilfreich und befreiend sein, sich nur für fünf Minuten »auszuklinken«. Richten Sie Ihren Geist auf etwas anderes aus. Erinnern Sie sich an ein schönes Erlebnis, das Sie vor Kurzem hatten, zum Beispiel an einen gelungenen Wochenendausflug, einen Sieg beim Schach, ein nettes Abendessen mit Freunden, das freudige Strahlen Ihres Kindes, als es ihm gelang, ohne fremde Hilfe Fahrrad zu fahren … Möchten Sie ein paar Minuten komplett vom Alltag abschalten, empfehle ich Ihnen die Lichtmeditation auf Seite 81 ff.

- Nutzen Sie mithilfe der sogenannten 3-zu-1-Regel gezielt die »Macht der guten Gefühle«, wie die Vertreterin der positiven Psychologie, Barbara Fredrickson, es nennt. Aufgrund ihrer wissenschaftlichen Untersuchungen hat sie die folgende Faustformel ermittelt: Wer drei Mal so viele positive wie negative Gefühle erlebt, bleibt in der Regel nicht in belastenden Gedanken und Emotionen hängen und kommt besser mit Schicksalsschlägen und seelischen Problemen zurecht. Negative Erlebnisse gehören untrennbar zum Leben dazu, aber es gilt, eine ausgewogene Balance zwischen Positiv- und Negativerfahrungen zu fördern, damit das Leben gelingen kann.

- Sie können belastende Gedanken und Sorgen zumindest zeitweise vermeiden, wenn Sie ganz und gar in einem spannenden Projekt aufgehen. Wichtig ist, dass die Tätigkeit Sie fordert, Sie sich dabei also konzentrieren müssen, ohne sich jedoch überfordert zu fühlen. Je interessanter Sie Ihre Tätigkeit finden und je begeisterter Sie davon sind, umso besser. Ein solcher Flow-Zustand führt zu großer innerer Zufriedenheit und Erfüllung, und er ist ein fantastisches Mittel, um sich von Ihren Alltagssorgen abzulenken.

Welche Dinge erzeugen bei Ihnen einen Flow-Zustand? Klavier spielen, ein 5-Gänge-Menü zubereiten, Gedichte schreiben, ein Bild malen, Ihre Fotosammlung archivieren, auf einer Slackline balancieren, einen Liebesbrief schreiben, Wildwasser-Kajakfahren, eine Website gestalten, Kreuzworträtsel lösen, Tango tanzen, ein Modellflugzeug zusammenbauen, ein Computerprogramm schreiben …?

Die Sorgenkiste

Manchmal hilft es, belastende Sorgen und Probleme, für die man im Moment keine Lösung findet, buchstäblich »beiseitezustellen«. Nehmen Sie sich für die folgende Visualisierung zwei bis fünf Minuten Zeit.

Suchen Sie einen Ort auf, an dem Sie ungestört sind. Setzen oder legen Sie sich bequem hin, schließen Sie die Augen und atmen Sie ein paar Mal langsam und tief ein und aus. Stellen Sie sich dann vor, dass Sie Ihr Problem in eine Kiste packen und diese in einem Regal verstauen. Machen Sie sich bewusst, dass das Problem dort für den Moment gut aufgehoben ist. In einer Weile, wenn Sie mehr Raum dafür haben, werden Sie sich damit befassen. Öffnen Sie nun die Augen und kehren Sie zu Ihrem Alltag zurück.

Wenn es Ihnen leichter fällt, diese Übung konkret durchzuführen, können Sie Ihr Problem auch auf ein Blatt Papier schreiben und dieses in eine Mappe oder Schachtel legen. Dort können Sie je nach Bedarf weitere aufschiebbare Sorgen und Nöte »zwischenparken«, die Sie als belastend empfinden, von denen Sie sich überfordert fühlen oder für die Sie schlicht keine Zeit haben. Sie werden nicht weglaufen, so viel ist gewiss.

Behalten Sie lediglich im Bewusstsein, dass es da etwas gibt, womit Sie sich in einem starken Moment befassen sollten. Gehen Sie in einem solchen geeigneten Augenblick dann zu Ihrer Box, nehmen Sie den Zettel mit dem dringlichsten Problem heraus und lesen Sie es sich mit frischer Energie und dem gewonnenen Abstand durch. Machen Sie sich spontan ein paar Notizen, wenn Ihnen Gedanken für eine Lösung kommen. Muten Sie sich, wenn irgend möglich, nur so große Portionen des Problems oder der Sorgen zu, die Sie jeweils bewältigen oder gut verkraften können.

Zugegeben: Wir haben nicht immer die Wahl. Manchmal müssen wir uns sofort mit etwas konfrontieren, ob wir es wollen oder nicht. Deadlines, die uns von anderen vorgegeben werden, Schicksalsschläge, unangenehme Aufgaben oder Entscheidungen, die sich nicht aufschieben lassen. In bestimmten Situationen können wir die Augen nicht davor verschließen. Aber häufig belasten wir uns unnötig mit Dingen, die wir zu einem anderen Zeitpunkt viel besser in den Griff bekommen würden. Und sei es auch nur aufgrund des persönlichen Biorhythmus, den jeder von uns hat. Sind Sie zum Beispiel ein Morgenmensch, können Sie sich zu dieser Tageszeit möglicherweise mit komplizierten Problemstellungen befassen, wozu manch anderer aufgrund seiner Konstitution morgens überhaupt nicht in der Lage wäre.

Machen Sie es sich nicht unnötig schwer. Versuchen Sie, Ihren eigenen Rhythmus für die Dinge zu finden, und gehen Sie möglichst maßvoll und schonend mit sich selbst um. Der einzige Maßstab dafür, was Ihnen entspricht und was Sie sich zumuten können, sind Sie selbst.

Schweigen ist Silber, loben ist Gold

Die Bedeutung der Anerkennung wird bei uns nach wie vor häufig unterschätzt. Dabei ist sie überaus wichtig für unser Selbstwertgefühl. Soziale Kontakte sind nicht zuletzt so wertvoll, weil wir im Zusammensein mit anderen das Gefühl der Wertschätzung erfahren. Eingebunden in eine Gemeinschaft, die uns achtet und anerkennt, fühlen wir uns auf- und angenommen. Das schenkt uns enorm viel Kraft und Zuversicht. Wenn wir Probleme haben, finden wir bei anderen Trost und Unterstützung, werden wieder aufgeheitert, wir tauschen uns aus, können uns gegenseitig inspirieren und weiterhelfen und einfach eine gute Zeit miteinander verbringen. Das gesellschaftliche Miteinander, vor allem gute Freundschaften und eine harmonische Beziehung zur Familie sind durch nichts anderes zu ersetzen.

Allerdings wird Anerkennung bei vielen Menschen nach wie vor kleingeschrieben. Nach dem Motto »Nichts gesagt, ist genug gelobt« sind sie der Meinung, es genüge schon, sich in Schweigen zu hüllen, selbst wenn der Partner, die Kinder, die eigenen Eltern, Freunde oder Arbeitskollegen etwas gut gemacht haben. Dabei ist es für uns alle extrem wohltuend, wenn wir auf ehrliche Weise von anderen gelobt werden. In einem solchen Moment fühlen wir uns richtig wahrgenommen. Unser Gegenüber spürt unsere

Präsenz und interessiert sich für das, was wir tun. Oder es ist ihm einfach wichtig, dass wir da sind, ohne dass wir irgendetwas dafür »leisten« müssten.

Auch in einer solchen Situation kann man anerkennende Dinge sagen. Bemerkungen wie »Schön, dass du da bist«, »Schön, dass wir uns mal wieder sehen«, bringen implizit eine große Wertschätzung zum Ausdruck. Generell sollten wir andere auch öfter loben und ihnen unsere Anerkennung offen zeigen. Denn ein ehrlich gemeintes Lob ist eine wahre Streicheleinheit für die Seele.

Sich selbst Anerkennung schenken

Zu einem optimistischen Blick auf die Welt gehört auch, sich selbst in einem positiven Licht zu sehen. Es tut unserer Psyche überaus gut, wenn wir wissen, was uns ausmacht und wo unsere Stärken, aber auch unsere Schwächen liegen. Das fördert unsere Selbstwirksamkeit und eine versöhnliche Haltung uns selbst gegenüber. Wir sollten öfter versuchen, den inneren Kritiker, der ständig etwas an allem auszusetzen hat, zum Schweigen zu bringen. Nicht so streng mit uns sein, unsere perfektionistischen Ansprüche überwinden und auch mal »fünfe gerade sein lassen«.

Anstatt uns zu sehr auf unsere Fehler oder auf Dinge zu konzentrieren, die nicht geklappt haben, sollten wir sie zur Kenntnis nehmen, analysieren, warum etwas schiefgelaufen ist, und uns Strategien überlegen, wie wir diese Dinge beim nächsten Mal besser machen können. Aber danach sollten wir sie abhaken und uns neu ausrichten. Das ist weitaus konstruktiver, als ständig mit der Vergangenheit zu hadern (s. a. »Anti-Perfektionismus-Training, S. 79).

Wenn wir uns Anerkennung von anderen wünschen, sollten wir zunächst in der Lage sein, uns selbst wertzuschätzen. Daher sollten wir uns auf unsere Stärken und Fähigkeiten sowie unsere positiven Eigenschaften besinnen und im Alltag aufmerksam darauf achten, wann uns etwas gut gelingt. Und dann sollten wir uns dafür natürlich auch loben.

In einem ersten Schritt können Sie auf der nächsten Seite festhalten, was Sie an sich selbst gut finden, was Sie schätzen und mögen und was Ihnen in letzter Zeit gut gelungen ist. Falls der Platz nicht ausreicht – und das hoffe ich! – führen Sie die Liste auf einem separaten Blatt Papier fort. Loben Sie sich dann bewusst für ein paar Dinge, die auf Ihrer Liste stehen.

Der positiven Psychologie zufolge ist das regelmäßige Erstellen einer solchen Liste oder eines entsprechenden Tagebuchs eines der wirksamsten Mittel, um die eigenen Stärken und somit auch eine optimistische Grundhaltung zu fördern.

Positive Seiten erkennen und stärken

Halten Sie hier Ihre positiven Seiten fest, indem Sie die folgenden Fragen beantworten:

Was schätze ich an mir?

Was sind meine Stärken und Fähigkeiten?/Was kann ich besonders gut?

Was macht mich zu dem Menschen, der ich bin?

Was schätzen und mögen andere an mir?

In der letzten Woche/Heute sind mir die folgenden Dinge gut gelungen:

Ich lobe mich dafür, dass ...

Sich anderen gegenüber positiv darzustellen bedeutet nicht, irgendetwas zu erfinden oder großspurig von Heldentaten zu berichten, die wir in Wirklichkeit gar nicht vollbracht haben. Es geht vielmehr darum, unsere Stärken zum Ausdruck zu bringen und uns als der Mensch zu präsentieren, der wir sind – ohne uns dabei schlechtzumachen.

Die Voraussetzung dafür ist, dass wir uns zunächst selbst annehmen und wertschätzen. Im nächsten Schritt geht es darum, uns auch anderen gegenüber in einem positiven Licht zu präsentieren. Häufig haben wir Hemmungen davor, da vielen von uns in der Kindheit vermittelt wurde, dass man sich selbst nicht loben, vor anderen nicht prahlen dürfe. Aber zwischen Angeberei und einer positiven Selbstdarstellung besteht ein himmelweiter Unterschied.

Optimisten stehen zu sich selbst und vermitteln das auch ihrem Umfeld selbstbewusst. Wenn wir durch unsere Worte oder unser Verhalten zum Ausdruck bringen »Ich weiß, was ich kann, und bin mir meiner Fähigkeiten und Qualitäten sicher«, hat das noch lange nichts mit Prahlerei zu tun.

Wir hinterlassen aber einen unnötig negativen Eindruck bei anderen, wenn wir uns stattdessen kleinmachen, uns abwerten oder selbst kritisieren. Nein, das Motto lautet: Flagge zeigen und den Fokus auf gelungene Projekte und Positiverlebnisse richten, statt auf Misserfolge, Scheitern und Fehler. Es wirkt auch auf andere motivierend, wenn wir von interessanten Ideen und Vorhaben sprechen und sie quasi mit unserer Begeisterung anstecken. Das hat nichts mit Überheblichkeit zu tun. Es fördert vielmehr unsere eigene Motivation und gute Laune und hinterlässt bei unserem Gegenüber einen positiven Eindruck.

Wie wirken Sie auf andere? Machen Sie sich häufig klein? Sagen Sie etwa Dinge wie: »Das Projekt, an dem ich gearbeitet habe, ist zwar gut gelaufen, aber das war wahrscheinlich Zufall«, »Ich weiß nicht, wie ich die bevorstehenden Herausforderungen meistern soll«, »Ich traue mir die Aufgabe nicht zu«? Oder finden Sie sich eher in den folgenden Aussagen wieder: »Ich habe mich sehr für das Projekt engagiert und freue mich nun, dass alles so gut geklappt hat«, »Auf die anstehenden Aufgaben muss ich mich gut vorbereiten, aber ich traue sie mir zu und werde sie bestimmt meistern«?

Achten Sie bewusst darauf, wie Sie sich anderen gegenüber darstellen, und versuchen Sie, negative Aussagen in positive zu verwandeln. Es geht hier nicht darum, zu übertreiben und sich als unangefochtener Erfolgsmensch zu präsentieren. Aber wir sollten unser Licht auch nicht unter den Scheffel stellen. Wenn wir unsere Einstellung vom Negativen zum Positiven hin verändern und das auch kommunizieren, verwandeln sich folgende Aussagen fast wie von selbst:

Pessimistische Aussage	**Optimistische Aussage**
Ich kann das nicht.	Ich kann mir das nötige Wissen und die Fertigkeiten dafür aneignen.
Ich bin ein Versager.	Ich kenne meine Stärken und weiß, wie ich sie nutzen kann; ich kenne auch meine Schwächen und akzeptiere mich so, wie ich bin.
Es gibt fähigere Leute als mich.	In meinem Bereich bin ich gut.
Ich bin nicht besonders begabt	Meine Motivation und meine Begeisterungsfähigkeit machen sehr viel wett, obwohl ich kein Naturtalent auf diesem Gebiet bin.

geistiges, körperliches
Wohlbefinden

Selbstwirksamkeit

Sicherheit

Resilienz

positive Gefühle

Engagement

Vertrauen

Optimismus

Sinn

gute Beziehungen pflegen

Leistung, Erfolg

Ziele verwirklichen

Hoffnung

Sinn, Sinnhaftigkeit

»Das Leben ist lebenswert«

sich für andere einsetzen

Zuversicht

zukunftsorientiert denken

Gefühl der Schutzlosigkeit

traumatische Erlebnisse

Hilflosigkeit

Gefühl der Schwäche

Gefühl des Scheiterns

Anspannung, Stress

Hoffnungslosigkeit

Sorgen

Pessimismus

Resignation

Misserfolg

Mangelndes Selbstbewusstsein

Körperliche Schmerzen

anhaltendes Gefühl von Ohmacht

mangelnde Anerkennung

Angst

Mutlosigkeit

wenige soziale Kontakte/Isolation

Verzweiflung

Panik

Trotzdem Ja zum Leben sagen

*Hoffnung ist nicht die Überzeugung, dass
etwas gut ausgeht, sondern die Gewissheit,
dass etwas Sinn hat, egal wie es ausgeht.*
Vaclav Havel

Jeder von uns muss in seinem Leben immer wieder schwierige Phasen durchmachen. Dabei ist es normal, angesichts von Herausforderungen im Alltag hin und wieder zu scheitern. Das gehört einfach zum Leben dazu. Ebenso wie Krisen. Diese können zum Beispiel durch den Verlust eines geliebten Menschen, Schwierigkeiten im Job oder gar eine Kündigung, finanzielle Probleme, eine Trennung, Krankheit, persönliche Enttäuschungen und manchmal bereits durch kleinere Veränderungen ausgelöst werden. Selbst überaus resiliente Menschen, die in der Regel gut mit Widrigkeiten umgehen und vieles »wegstecken« können, sind nicht gegen alle Stürme des Lebens gefeit. Wohl jeder von uns hat bestimmte Themen, bei denen er sensibler reagiert, anfälliger ist. Und wenn zu viel zusammenkommt an Belastungen und Bürde, bringt irgendwann der buchstäbliche Tropfen das Fass zum Überlaufen und unsere Bewältigungsmechanismen greifen nicht mehr so recht.

Jedem Menschen ist in solch krisenhaften Situationen zu wünschen, dass er sich auf seine Stärken besinnen, sein Leid als etwas Vorübergehendes betrachten und somit trotz seiner Schwierigkeiten eine Perspektive entwickeln kann, die es ihm ermöglicht, den Blick nach vorn zu richten und Hoffnung zu schöpfen.

Wir alle haben das Potenzial, angesichts leidvoller Herausforderungen über uns selbst hinauszuwachsen und das Leben trotzdem zu bejahen. Ein Mensch, der das auf beeindruckende Weise unter Beweis gestellt hat, war der Begründer der Logotherapie, Viktor Frankl, der während des Zweiten Weltkriegs mehrere Jahre in verschiedenen Konzentrationslagern verbringen musste und 1945 sein Buch ›… trotzdem Ja zum Leben sagen. Ein Psychologe erlebt das Konzentrationslager‹ verfasste. Trotz der grenzenlosen Grausamkeit, die er in den Lagern erlebte, war Frankl zutiefst von der unbedingten Freiheit des menschlichen Willens überzeugt und vertrat die Meinung, dass wir stets eine Wahl haben. Selbst wenn wir die Umstände nicht bestimmen können, so können wir doch wählen, welche Einstellung wir dazu entwickeln. »Der Mensch ist nicht frei von seinen Bedingungen, sondern frei, zu seinen Bedingungen Stellung zu nehmen«, so Frankl. Wir haben demnach grundsätzlich die »Fähigkeit, eine Tragödie in einen Triumph zu verwandeln«. In diesem Zusammenhang prägte Frankl auch den treffenden Begriff des »Tragischen Optimismus«. Unser Leben ist unbestreitbar von tragischen Aspekten geprägt. Einen paradiesischen Zustand ohne Leid und Sorgen gibt es nicht.

Dennoch haben wir Menschen die Möglichkeit, das Beste aus unserer jeweiligen Situation zu machen. Wenn wir uns eine solche Haltung zu eigen machen, hat das Leid nie das letzte Wort, da wir uns letztlich darüber erheben. »Am Grund jeder Tragik schimmert ein verborgenes, geheimnisvolles Optimum, durchglüht den Schmerz und ruft den Betroffenen zu seinem höchsten Menschsein«, so Frankl.

Eine entscheidende Rolle spielt ihm zufolge dabei unser Wille zum Sinn, denn es gibt »nichts auf der Welt, das einen Menschen so sehr befähigte, äußere Schwierigkeiten oder innere Beschwerden zu überwinden, – als: das Bewusstsein, eine Aufgabe im Leben zu haben«. Wenn wir uns trotz Leid und Tragik auf einen Lebenssinn ausrichten, können Vertrauen und Zuversicht entstehen – das Leben kann gelingen. Allerdings ist es nicht immer einfach, den eigenen Lebenssinn zu erkennen.

Die Psychologin Elisabeth Lukas, eine der bedeutendsten Vertreterinnen der Logotherapie und ehemalige Schülerin Frankls, schreibt in ihrem Buch ›Alles fügt sich und erfüllt sich‹: »Jeder Mensch verspürt zutiefst in seinem Herzen die Sehnsucht nach einem sinnerfüllten Leben. Allein, die Frage, wie er dazu gelangt, ist nicht leicht zu beantworten. Denn Sinn ist eine der wenigen Kostbarkeiten, die man nicht fabrikmäßig erzeugen oder für teures Geld kaufen kann. [...] Die dem Menschen eingeborene Sehnsucht genügt vollauf, um uns alle Sinnsuchende und Sinnentdeckende sein zu lassen, ein Leben lang.«

Die Aufgabe besteht darin, selbst zu entdecken, was dem eigenen Leben einen Sinn verleiht. Das kann uns niemand abnehmen. Und es ist in der Regel eine lebenslange Suche, da Lebensinhalte und Prioritäten sich mit der Zeit meist verändern. Bleiben wir also stets wach und bereit, unsere spannende Entdeckungsreise fortzusetzen.

Zur Inspiration: Dinge, die dem Leben einen Sinn verleihen können

- Gute Freundschaften
- Für andere Menschen da sein, ihnen Zeit schenken, Unterstützung anbieten – den egozentrischen Fokus aufgeben
- Familie, Kinder, Partnerschaft, Beziehung
- Die eigenen Träume verwirklichen, Erfüllung finden
- Dem Leben mit Achtsamkeit begegnen, das Bewusstsein für den gegenwärtigen Moment schärfen; nicht in der Vergangenheit, bei Fehlern und Verlusten hängen bleiben, sondern wahrnehmen, was im Hier und Jetzt geschieht
- Das Leben intensiv ausschöpfen, die Zeit nutzen, mit Liebe füllen und genießen

Übrigens fördert das Gefühl, einen Sinn im Leben zu sehen, etwas zu haben, was das Leben lebenswert macht,

unsere Gesundheit, wie Martin Seligman in seinem Buch
›Flourish‹ zeigt. In Japan gibt es sogar einen eigenen Begriff für dieses Gefühl. Es wird als »Ikigai« bezeichnet. Viel
Ikigai führt Studien zufolge zu einem deutlich verringer-
ten Risiko, an einer Herz-Kreislauf-Erkrankung zu sterben.
In einer der Studien war dieses Risiko bei den Teilneh-
mern ohne Ikigai im Vergleich zu denjenigen mit Ikigai
um 160 Prozent erhöht. Ein Grund mehr, warum es sich
lohnt, sich gezielt auf Sinnsuche zu begeben.

> *Wer sein eigenes Leben und das seiner Mit-*
> *menschen als sinnlos empfindet, der ist nicht*
> *nur unglücklich, sondern kaum lebensfähig.*
> Albert Einstein

Das Salz der Erde

Ihr seid das Salz der Erde. Wenn nun das Salz
seine Wirkung verliert, womit soll man salzen?
Matthäus 5,13

Gemeinsam mit ein paar Freunden sehe ich mir im Kino den Film
›Das Salz der Erde‹ von Wim Wenders und Juliano Salgado über
dessen Vater, den brasilianischen Fotografen Sebastião Salgado,
an. Mit offenem Mund sitze ich da, als im Film die ersten Fo-
tos von Goldminenarbeitern in Brasilien eingeblendet werden,
die sich in der Hoffnung auf Reichtum unter unvorstellbaren Bedingungen »freiwillig« versklaven. Es sind Bilder von ungeheurer
Wucht, die augenblicklich tief in die Seele dringen.

Als junger Fotograf reist Salgado zu zahlreichen Brennpunkten
der Welt. Stets begibt er sich mitten ins Geschehen, dokumentiert
schier endloses Leid von Menschen im Krieg, in Hungersnöten,
auf der Flucht. Als er in den 90er-Jahren schließlich den Völker-
mord in Ruanda miterlebt, zerbricht etwas in ihm. Er, der bereits
so viel unsägliches Leid hautnah miterlebt hat, verliert angesichts
der Dimension der Gewalt seinen Glauben an die Menschheit und
wird schwer krank. Sein Körper und seine Seele wehren sich gegen die unfassbare Brutalität, die er gesehen hat. Seine Ärzte war-
nen ihn: Wenn er so weitermacht, wird er bald sterben.

Ich selbst ertrage die Bilderflut bereits im Kino kaum und schließe zwischendurch die Augen. Ich habe schon genug gesehen, sodass ich mich ausklinken und schützen muss. Wie gut kann ich nachvollziehen, dass Salgados Körper und Seele sich ausklinken, nachdem er sich jahrzehntelang mit extremstem menschlichem Leid und größter Grausamkeit konfrontiert hat.

Er ist an einem Punkt, an dem er nicht mehr weitermachen kann. In der Rückschau bezeichnet er diesen Punkt als sein »innerliches Ende«.

Sensibel führt der Film die Zuschauer zu einem neuen Lebensabschnitt Salgados. Der Fotograf wendet sich ab vom Elend der Menschen und findet gemeinsam mit seiner Frau neue Themen. Fortan befasst er sich mit Naturfotografie und indigenen Völkern und schafft auch hier epochale Bilder.

Während des Films werden zwischendurch immer wieder Sequenzen der elterlichen Farm Salgados in Brasilien eingeblendet. Nach Jahren der Fruchtbarkeit während Salgados Kindheit sieht man trostlose Bilder: verdorrtes, erodiertes Land. Die einst grünen Felder und Hügel sind kahl und sandig. Alles scheint verloren. Resigniert steht der Vater Salgados auf seinem Land, betrachtet sein Lebenswerk und sagt mit matter Stimme: »Ich weiß nicht, was man gegen diese Erosion unternehmen kann.« Doch dann geschieht etwas Unglaubliches. Sebastião Salgado kehrt 1994 mit seiner Frau auf die elterliche Farm zurück, wo sie ein ambitioniertes Wiederaufforstungsprogramm beginnen – dort, wo nur noch Dürre herrscht und nichts mehr wächst.

Im Film kommt es an dieser Stelle unvermittelt zu einem Schnitt. Als Zuschauer traut man seinen Augen kaum: Plötzlich sieht man bewaldete Hügel und sattes Grün voller Leben. Es mutet tatsächlich wie ein Wunder an, dass das Aufforstungsprogramm funktioniert hat und der Wald zurückgekehrt ist. Etwa 2,5 Millionen Bäume wurden auf dem vertrockneten Land gepflanzt. Und Salgado, dessen Seele sich fast schon verabschiedet hatte, dessen Körper beinahe gestorben wäre, hat sich durch die Abkehr von der Brutalität der Menschen und die Hinwendung zur Natur offenbar geheilt.

Welch wunderbares Beispiel dafür, was für eine Kraft ein Mensch entwickeln, welche Wunder er bewirken kann, wenn es ihm gelingt, einen neuen Sinn im Leben zu finden. Und welch schönes Beispiel für grenzenlosen Optimismus.

# Gesunder Egoismus

Wer zu häufig über seine Grenzen geht, sich ausbeutet und dabei die gesunde Balance zwischen Anspannung und Entspannung verliert, zwischen Anstrengung und Regeneration, konzentriertem Arbeiten und lockerer Freizeitbeschäftigung, der läuft Gefahr, früher oder später auf einen Burn-out zuzusteuern, von dem immer mehr Menschen in unserer Gesellschaft betroffen sind. Wenn wir uns über einen langen Zeitraum extrem auspowern, uns müde und ausgelaugt fühlen, schwindet unsere innere Motivation und Kreativität und weicht immer mehr einem Gefühl des Überfordertseins, der Leere und häufig auch der Aussichtslosigkeit. In einer solchen Situation haben wir möglicherweise keine Kraft mehr, uns positiv auszurichten, optimistisch zu bleiben. Die Energie reicht vielleicht gerade noch, um uns eine Weile im gewohnten System abzustrampeln, aber es fehlt der persönliche Raum und die Perspektive, die Weichen anders zu stellen und wieder auf ein positives Gleis zu kommen, das uns aus der Sackgasse herausführt.

Daher lautet die Devise: Die Energie regelmäßig »runterfahren«, entschleunigen, Pausen machen, Auszeiten nehmen, hin und wieder »nichts« tun! Die Work-Life-Balance im Blick behalten und stets für einen gesunden Ausgleich sorgen. Pflegen Sie in dieser Hinsicht einen gesunden Egoismus. Nur wenn Sie auf sich selbst achten, können Sie das Gefühl des Ausgebranntseins vermeiden, Dinge mit neuer Energie in Angriff nehmen, für andere da sein und – nicht zuletzt – das Leben in vollen Zügen genießen.

# Die heilende Kraft der Natur

Die Natur kann eine große Quelle der Kraft und Heilung sein. Hier können wir zur Ruhe kommen, die Seele baumeln lassen und unsere Batterien wieder aufladen. Allerspätestens wenn in Ihrem Leben Chaos und Verwirrung herrschen, Sie sich gefangen sehen in einer Tretmühle aus Verantwortung und tausend Verpflichtungen und Sie über all dem Ihre eigenen Bedürfnisse, Ihre Wünsche und Visionen, die Dinge, die Ihnen Kraft geben, aus dem Blick verlieren, kann es sehr heilsam sein, Zeit in der Natur zu verbringen und sich im wahrsten Sinne des Wortes, wieder zu »erden«. Diese Zeit in der Natur ist eine Zeit der Besinnung auf sich selbst. Sie gehört zu den wirksamsten Therapien, die Sie sich selbst angedeihen lassen können. Und außerdem kostet sie nichts. Nutzen Sie diese wunderbare Möglichkeit am besten regelmäßig und *bevor* Sie das Gefühl haben, den Boden unter den Füßen zu verlieren. Finden Sie heraus, welche der schier unendlichen Möglichkeiten, Zeit in der Natur zu verbringen, Ihnen am meisten liegen – ob in Kombination mit Bewegung oder Sport, ob kontemplativ, meditierend, gärtnernd, fotografierend oder malend … – und tanken Sie wo immer möglich und so oft es geht, auf.

Die Geschichte des brasilianischen Fotografen Sebastião Salgado zeigt auf beeindruckende Weise, wie stark die Heilkraft der Natur sein kann (s. Das Salz der Erde, S. 65).

Mit allen Sinnen spüren

Suchen Sie einen Ihrer Lieblingsplätze in der Natur auf, an dem Sie möglichst ungestört sind – ein ruhiges Fleckchen an einem plätschernden Bach, das Ufer eines Flusses, einen Steg am See, einen schönen Strand am Meer, eine Lichtung im Wald, einen Berggipfel, eine Wildblumenwiese, einen Hochsitz am Waldrand, eine sonnenbeschienene Bank an einem Aussichtspunkt, ein leuchtendes Sonnenblumenfeld …

Finden Sie eine bequeme Position im Stehen, Sitzen oder Liegen und nehmen Sie Ihre Umgebung dann mit allen Sinnen intensiv wahr. Lassen Sie die Farben mit all ihren Nuancen sowie die zahlreichen Formen Ihrer Umgebung auf sich wirken. Beobachten Sie die Bewegungen des Wassers in einem stehenden oder fließenden Gewässer, die Brandung des Meeres … Achten Sie gespannt auf die Stimmen der Vögel, das Summen und Brummen von Insekten, das Rauschen des Windes in den Bäumen, das gurgelnde Glucksen eines Baches … die große Stille über einem Schneefeld … Spüren Sie – je nach Jahreszeit – die Sonne, den Wind, den Regen oder Schnee, die Wärme oder Kühle auf Ihrer Haut … Wonach duftet die Luft? Ist sie angefüllt mit dem Salz- und Tanggeruch des Meeres, mit der schweren Süße üppiger Sommerblumen, duftet sie würzig nach Kräutern oder frisch gemähtem Gras?

Tauchen Sie ein in den zauberhaften Kosmos, der Sie umgibt. Spüren Sie das Leben und die wunderbare Vielfalt zwischen Himmel und Erde und nehmen Sie sich als Teil davon wahr. Kosten Sie die mannigfaltigen Sinneseindrücke aus und schöpfen Sie Kraft. Dieser Moment gehört Ihnen allein.

Der Kraftplatz

Eine Freundin von mir, die beruflich stark eingespannt ist, hatte vor Kurzem einen massiven Hörsturz. Auf einem Ohr hörte sie abgesehen von einem diffusen inneren Rauschen und Dröhnen nichts mehr, auf dem anderen Ohr nahm sie dagegen alle Geräusche extrem laut wahr. Als wir uns trafen, bat Sylvia mich darum, sehr leise zu sprechen, da alles andere unerträglich für sie war. Bei Autofahrten musste sie sich das hörende Ohr zuhalten, um sich gegen die Motorgeräusche abzuschirmen.

Sylvia war in einer schlechten Allgemeinverfassung, ihre Nerven durch den Hörsturz aufs Äußerste angespannt. In der Arbeit stand sie seit Jahren unter großem Druck. Hinzu kam, dass sie zahlreiche Projekte im Ausland betreute und viel mit dem Flugzeug unterwegs war. Das häufige Reisen und Aus-dem-Koffer-leben, ständiger Termindruck, Konferenzen, E-Mails, SMS, das Ansprechbar-sein-müssen, da meine Freundin die zentrale Schnittstelle für viele Menschen war – all das hatte im Laufe der Jahre an ihr gezehrt. Nun signalisierte ihr Körper: So geht es nicht weiter, ich kann nicht mehr! Die Vorstufe zum Burn-out.

An innerer Motivation hatte es Sylvia nie gefehlt. Sie war überzeugt von der Sinnhaftigkeit ihrer Arbeit und musste sich dazu nicht antreiben. Aber es war ihr nicht gelungen, genügend gesunden Ausgleich für sich zu schaffen. Immer auf Achse, immer für alle zur Stelle hatte sie lange kämpferisch und energievoll maximalen Einsatz gebracht und ihre eigenen Bedürfnisse mit Willenskraft zurückgestellt. Aber nun waren ihre Ressourcen erschöpft. Nichts ging mehr.

Die Ohrenärztin schrieb sie vier Wochen lang krank und empfahl ihr: »Machen Sie das, was Ihnen guttut. Gehen Sie viel spazieren und suchen Sie sich einen Baum. Tanken Sie dort Kraft.«

Notgedrungen musste Sylvia akzeptieren, dass sie ihre laufenden Projekte im Moment nicht weiterbetreuen konnte und von jetzt auf gleich vollkommen herunterfahren musste. Das beängstigende Dröhnen in ihrem Ohr erinnerte sie in jedem Augenblick nur allzu deutlich daran. Sie führte nur noch ein einziges kurzes Telefonat mit ihrer Sekretärin, um ihr mitzuteilen, dass alle Aufgaben an die Kolleginnen delegiert werden mussten und sie selbst die nächsten vier Wochen nicht mehr zur Verfügung stand. Sie war »raus«.

Als ich ein paar Tage nach der Diagnose einen Spaziergang mit ihr machte, bei dem wir – höchst ungewöhnlich für uns – kaum redeten, da es sie zu sehr anstrengte, dachte ich mir: ›Wie optimistisch muss man in dieser Situation sein? Wie viel Vertrauen in ihre Kraft muss Sylvia angesichts ihres Hörsturzes aufbringen?‹ Bekanntermaßen sind Stress und Angst pures Gift in einem solchen Zustand. Aber welch große Anforderung, in einer solchen Lage ruhig zu bleiben, die Nerven zu bewahren, sich nicht selbst verrückt zu machen, um den Stress nicht noch zusätzlich zu mehren. Und das in einer Situation, in der man völlig auf sich selbst zurückgeworfen ist, da sonst nichts mehr geht – keine Telefonate, keine E-Mails, kein Internet, keine SMS, nur Ruhe, Ruhe, Ruhe. Wie kann es gelingen, das sorgenvolle Gedankenkarussell anzuhalten, möglichst keine Grübeleien und Ängste zuzulassen? Wie soll man denn bitte ruhig bleiben, abschalten und zuversichtlich sein, wenn man ständig belagert ist von diesem Dauergeräusch im Ohr, das bei einem bestimmten Prozentsatz der Menschen nicht mehr verschwindet? Es ist schon eine hohe Kunst, inmitten dieser belastenden, angstmachenden Situation die Angst herunterzufahren und sich zu sagen, dass schon alles gut werden wird …

Nun, um es kurz zu machen: Sylvia hat es geschafft. Nachdem sie ihre Aufgaben in der Arbeit an andere delegiert hatte, stellte sich ein Gefühl der Erleichterung bei ihr ein. Zumal ihre Kolleginnen ihr signalisiert hatten, dass sie alles gut bewältigen würden. So konnte meine Freundin loslassen und im wahrsten Sinne des Wortes durchatmen.

Im nächsten Schritt verordnete sie sich selbst einen überaus geregelten Tagesablauf. Ausschlafen, aber nicht zu spät aufstehen (denn das hat häufig eine lähmende Wirkung), gesundes Frühstück mit frischem Obst, viel trinken, Arzttermin (anfangs erhielt sie jeden Tag eine Cortisonspritze) oder Osteopathietermin wahrnehmen, gut zu Mittag essen, Mittagsschlaf halten, ausgiebigen Nachmittagsspaziergang machen, bei einem Baum Kraft tanken und zur Ruhe kommen, nicht zu spät zu Abend essen, keine negativen Nachrichten hören oder lesen, keine brutalen, problematischen oder hektischen Filme ansehen, früh zu Bett gehen. Diese Struktur half ihr, einen Rhythmus zu finden, der ihr nicht zu viel abverlangte und sie regenerierte.

Wenn ich Zeit hatte, begleitete ich Sylvia gelegentlich bei ihren Spaziergängen. Wir machten stets die gleiche Runde. Sie führte auf einen kleinen Hügel hinauf, von dem man einen wunderbaren Blick auf die Berge hat. Als wir das erste Mal gemeinsam dort hinaufgingen, sagte sie: »Komm, ich zeige dir *meinen* Baum.« Sie hatte den Ratschlag ihrer Ohrenärztin befolgt und sich eine mächtige Eiche als ihren persönlichen Kraftplatz ausgesucht.

Als wir dort ankamen, erklärte mir Sylvia: »Ich komme hier sehr gut zur Ruhe. Dieser Baum bietet mir Schutz und Halt. Er strahlt eine enorme Kraft aus.« Bei jedem Spaziergang setzte sie sich etwa 20 Minuten, mit dem Rücken an seinen mächtigen Stamm gelehnt, an den Fuß des Baumes und ließ den Blick in die Ferne zu ihren geliebten Bergen schweifen, wo sie früher regelmäßig gewandert war. »Schau, dort hinten ist der Jochberg«, sagte Sylvia und deutete mit der Hand in Richtung der rundlichen, noch immer schneebedeckten Kuppe ihres Lieblingsbergs. »Ich möchte so gern bald wieder dort hinauf.« Und nach einer kurzen Pause fügte sie entschlossen hinzu: »Wenn es mir wieder besser geht, muss sich in meinem Leben etwas ändern. Ich brauche mehr Zeit für mich. Meine Seele kommt sonst bei der ganzen Hektik nicht mehr mit …«

»Wenn du mehr Zeit für dich haben möchtest, dann wirst du einen Weg finden, es dir so einzurichten«, antwortete ich. »Den entscheidenden Schritt dafür hast du schon getan. Du hast erkannt, was dir wichtig ist, und dir damit ein neues Ziel gesteckt. Eines, das dir selbst wirklich etwas bedeutet. Wenn du dich darauf ausrichtest, wirst du tun, was nötig ist, um dein Leben entsprechend zu verändern.«

Sylvia nickte lächelnd. Dann fragte sie mich: »Möchtest du dich auch mal auf den Kraftplatz bei meinem Baum setzen?«

»Sehr gern«, antwortete ich und ließ mich am Fuß des Stammes zwischen zwei dicken Wurzeln nieder. »Bleib ruhig eine Weile hier sitzen«, sagte Sylvia, »ich gehe noch ein kleines Stück und komme dann wieder hierher.« Und damit entfernte sie sich.

Dieser Platz bei der großen Eiche hatte in der Tat etwas außergewöhnlich Beruhigendes. Ich fühlte mich sofort behütet, aufgehoben, geerdet. Irgendwie war hier alles »gut«. Ich atmete tief ein und aus, spürte, wie meine Gedanken zur Ruhe kamen, und genoss diesen Moment der Stille. Auch ich hatte mich in der letzten Zeit ziemlich gefordert und zum Teil zu stark ausgebeutet. Hier in dieser Ruhe wurde mir das deutlicher klar. Ich nahm mir vor, nicht nur meiner Freundin gute Ratschläge zu erteilen, sondern sie auch selbst zu beherzigen. Und ich würde wiederkommen, zu diesem Baum, und regelmäßig Kraft bei ihm tanken.

# Die Perfektionismus-Falle

Ein perfektionistischer Anspruch führt dazu, dass man sich das Leben unnötig schwer macht. Man kann und sollte nicht immer alles zu »110 Prozent« erfüllen. Perfektionisten stecken sich extrem hohe Ziele, die in vielen Fällen unerreichbar sind. So erhöhen sie den Druck auf sich selbst und sind tendenziell gestresst, da sie mit ihren Leistungen häufig nicht zufrieden sind. Sie meinen, immer noch eine Schippe drauflegen, es noch ein Stück besser machen zu müssen. Ihr hoher Anspruch verleidet es ihnen, sich über ihre Errungenschaften zu freuen und sich mit einem guten Ergebnis zufriedenzugeben. Häufig schwingt bei ihnen eine große Angst vor der Kritik anderer und dem Scheitern mit. Daher versuchen sie, alle Eventualitäten vorauszusehen und darauf vorbereitet zu sein. Mit anderen Worten: Sie versuchen das Unmögliche.

Aufgrund ihres hohen Anspruchs geraten Perfektionisten leicht in einen Strudel aus Überforderung und Erschöpfung. Ihre Einstellung treibt sie zu immer weiteren Höchstleistungen an. Da sie aber nur selten oder nie zu einem befriedigenden Schluss finden, beuten sie sich freudlos immer weiter aus. Auf diese Weise fördern sie alles andere als eine optimistische Haltung.

Kurzes Anti-Perfektionismus-Training

- Verabschieden Sie sich von dem Ehrgeiz, alles kontrollieren zu wollen. Denn das ist ohnehin unmöglich. Lösen Sie sich ein Stück weit aus dem Kontrollmodus, verschaffen Sie sich Spielraum, lassen Sie die Zügel so weit wie möglich lockerer.
- Gestehen Sie sich Fehler ein und verzeihen Sie sich diese. Überlegen Sie, was Sie beim nächsten Mal besser machen könnten, aber haken Sie dann ab, was geschehen ist. Grübeln Sie nicht länger darüber nach, sondern richten Sie den Blick nach vorn.
- Vermeiden Sie Sätze wie »Das hätte ich nicht tun dürfen«, »Wie konnte mir bloß dieser Fehler passieren?« und ersetzen Sie diese durch Aussagen wie »Jeder macht mal Fehler«, »Ich bin auch nur ein Mensch, deshalb habe ich wohl etwas übersehen«.
- Geben Sie sich mit einem Ergebnis zufrieden, selbst wenn es noch nicht perfekt ist. Es ist nichts Verkehrtes dabei, nach großartigen Resultaten zu streben, aber sie müssen nicht vollkommen sein. Richtig gut ist meistens gut genug!
- Versuchen Sie nicht um jeden Preis, Kritik zu vermeiden. Wenn Sie nicht perfekt sind, können Sie zwar angreifbar werden, aber dazu sollten Sie stehen. Egal wie gut Sie sich auch vorbereiten und versuchen, alle Eventualitäten vorherzusehen, irgendjemand kann immer ein Haar

in der Suppe finden. Dagegen ist niemand gefeit. Denn: Nobody is perfect!

- Setzen Sie sich erreichbare Ziele und realistische Termine. Sagen Sie der Dauerüberforderung den Kampf an.
- Gestehen Sie sich ein, dass Ihre eigenen Ressourcen begrenzt sind.
- Befreien Sie sich von Allmachtsfantasien. Werfen Sie den Wunsch, stets und in allem perfekt sein zu wollen, über Bord. Diesem Anspruch kann niemand auf Dauer gerecht werden.

Die Energie der Sonne tanken

Die folgende Übung ist perfekt dazu geeignet, sich positiv aufzuladen und neuen Schwung und Energie zu bekommen.

Lichtmeditation Teil I

Suchen Sie sich an einem sonnigen, aber nicht zu heißen Tag draußen einen schönen, möglichst ruhigen Platz, an dem Sie ungestört sind. Setzen oder legen Sie sich bequem hin, egal, ob das auf Ihrem Balkon zu Hause, auf einer Wiese in einem Park in der Stadt oder in der freien Natur ist. Nehmen Sie Ihre Position so ein, dass Sie der Sonne zugewandt sind. (**Vorsicht: Nie mit geöffneten Augen zur Sonne schauen!**) Schließen Sie die Augen und atmen Sie regelmäßig, langsam und tief ein und aus.

Spüren Sie die wohltuende Wärme der Sonne auf Ihrer Haut. Nehmen Sie durch die geschlossenen Augen die Kraft ihres strahlenden Lichts wahr. Achten Sie darauf, wie hell die Innenseite Ihrer Augenlider wirkt. Erkennen Sie auf dieser Leinwand Farben? Vielleicht sogar Schattierungen? Punkte oder Linien?

Konzentrieren Sie sich nun auf Ihren Unterkiefer und atmen Sie regelmäßig und tief weiter ein und aus. Lockern Sie den Unterkiefer etwas, indem Sie ihn leicht hin- und herbewegen. Lassen Sie jegliche Anspannung mit Ihrer Ausatmung ein Stück mehr los. Unterstützend können Sie innerlich dazu sprechen: »Ich lasse los.« Wiederholen Sie das zweimal.

Richten Sie Ihre Aufmerksamkeit nun auf Ihren Hals. Stellen Sie sich mit jeder Ausatmung vor, wie die Wärme der Sonne jegliche Anspannung in diesem Bereich auflöst, ja förmlich wegschmelzen lässt. Wenn Sie möchten, sprechen Sie innerlich dazu die Worte: »Mein Hals ist frei und gelöst.« Wiederholen Sie das zweimal.

Wandern Sie nun mit Ihrer Aufmerksamkeit zur Mitte Ihres Brustkorbs. Spüren Sie auch hier das Licht und die Wärme der Sonne und stellen Sie sich vor, wie sie jegliche Anspannung auflöst und wegschmelzen lässt. Sprechen Sie mit jeder Ausatmung im Stillen: »Ich lasse los und fühle mich frei.« Wiederholen Sie das zweimal.

Lenken Sie Ihre Aufmerksamkeit nun auf Ihren Bauch. Spüren Sie zunächst wieder die wärmende Sonne in diesem Bereich und stellen Sie sich dann vor, wie sich auch hier jegliche Anspannung und Nervosität auflöst, ja förmlich wegschmilzt. Sprechen Sie zur Unterstützung bei jeder Ausatmung innerlich die Worte: »Ich lasse los und werde ruhig.« Wiederholen Sie das zweimal.

Stellen Sie sich dann vor, dass die Sonne mit ihrer Kraft Ihre Kleidung beziehungsweise die Haut im Bauchbereich durchdringt und die tieferen Schichten Ihres Körpers mit

Licht, Wärme und Energie erfüllt. Bleiben Sie einige Atemzüge bei dieser Vorstellung.

Wandern Sie anschließend mit Ihrer Aufmerksamkeit langsam vom Bauch über den Brustbereich bis zum Hals hinauf und stellen Sie sich dabei jeweils vor, wie die Sonne den entsprechenden Bereich Ihres Körpers durchdringt und innerlich auflädt. Begleitend können Sie dabei mit jeder *Einatmung* (!) im Stillen die Worte sprechen: »Ich tanke Kraft, Wärme und Energie.«

Wenn Sie mit Ihrer Aufmerksamkeit bei Ihrem Kopf angekommen sind, können Sie die Übung abschließen oder den folgenden vertiefenden Schritt noch dranhängen:

Lichtmeditation Teil II

Stellen Sie sich nun vor, dass das Sonnenlicht mit jeder Einatmung durch die Nase in Ihren Körper hineinströmt. Folgen Sie Ihrem Sonnenlicht-Atem auf seiner Reise durch Hals und Brustraum bis tief in Ihren Bauch hinein. Mit jeder Ausatmung stellen Sie sich bildlich vor, wie diese positive Lichtenergie sich innerhalb von Sekunden, quasi in unendlich vielen Mini-Lichtexplosionen in jede Zelle Ihres Körpers ausbreitet. Einatmen – das Licht strömt mit dem Atem tief in den Körper hinein … Ausatmen – die Lichtenergie durchflutet in Myriaden von kleinsten Explosionen jede Faser Ihres Körpers.

Spüren Sie bewusst, wie Sie mit jedem Atemzug von Energie und Optimismus durchdrungen werden. Nutzen Sie die Strahlkraft der Sonne in vollen Zügen. Laben Sie sich daran und genießen Sie diesen Moment, der Ihnen gehört.

Sie können die Atmung auch bei diesem Übungsteil gedanklich mit Worten begleiten. Bei der Einatmung sagen Sie innerlich zu sich: »Das Licht strömt ein.« Bei der Ausatmung sprechen Sie im Stillen die Worte: »Energie und Optimismus durchströmen mich.«

Lassen Sie diese »Lichtexplosionen« drei bis zehn Mal in Ihrem Körper stattfinden – ganz nach Lust und Laune, und je nachdem, wie es sich für Sie am stimmigsten anfühlt.

Kommen Sie mit Ihrer Aufmerksamkeit dann wieder in Ihre Alltagswirklichkeit zurück, lächeln Sie und lassen Sie das Gefühl, positiv aufgeladen zu sein, weiterhin in sich nachwirken. Wenn Sie möchten, können Sie sich bei der Sonne für ihre kraftspendende Wärme und ihr energievolles Licht bedanken.

Gestärkt und optimistisch können Sie sich nun wieder Ihrem Alltag zuwenden.

Diese Meditation funktioniert übrigens auch, wenn Sie sich das Sonnenlicht nur vorstellen. So können Sie sich auch an einem trüben Tag mit der Kraft Ihrer Gedanken positiv aufladen.

Leuchtende Narzissen

Ein grauer Märztag in der Stadt. Ich sitze mit meinem Müsli und einer Tasse Tee am Frühstückstisch und bereite mich innerlich auf meinen Arbeitstag vor. Das Radio läuft. In den Nachrichten wird über einen Streit der Politiker angesichts der Maßnahmen zur Energiewende berichtet, Gewerkschaften kündigen Demonstrationen für bessere Löhne an, die Wetteraussichten für die nächsten Tage sind trübe. Als nach dem Verkehrsfunk wieder die Musik beginnt, lasse ich meine Gedanken noch eine Weile ungerichtet schweifen. Mein Blick fällt auf ein paar leuchtend gelbe Narzissen, die direkt vor mir in einem Blumentopf auf dem Küchentisch stehen. Bereits vor etwa einer Woche habe ich sie dorthin gestellt. Doch viel zu schnell sind sie zum »Inventar« geworden, habe ich sie gar nicht mehr wahrgenommen. Jetzt betrachte ich sie genauer. Mit ihren kleinen freundlichen Köpfen strahlen sie mich an. Sie ziehen meinen Blick förmlich in ihr leuchtendes Gelb hinein. Es ist, als wollten sie mir von ihrer frischen Farbe etwas abgeben. Sie wirken unbekümmert und fröhlich. Und ich labe mich an ihrer reinen Ausstrahlung. Es ist ein kleiner Energieschub, der etwas Licht in diesen grauen Morgen bringt und mich schwungvoll in den Tag starten lässt.

# Der Weg der kleinen Schritte

Manchmal nehmen wir Projekte nicht in Angriff, weil wir viele Hindernisse und Probleme auf uns zukommen sehen. Wir möchten unser Vorhaben zwar umsetzen und würden nur zu gern das Ziel erreichen, fühlen uns aber von den Anforderungen, den Aufgaben, die es zu bewältigen gilt, überwältigt. Gedanken wie »Das schaffe ich nicht«, »Das ist zu groß für mich«, »Ich fühle mich überfordert« stellen sich uns in den Weg und rauben uns von vornherein den Elan. Wir sind blockiert, noch ehe wir angefangen haben. Jegliche Energie und all unser Optimismus scheinen dahin zu sein.

Wenn das geschieht, hat das häufig folgende Ursache: Wir stellen uns all die Dinge gleichzeitig vor, die wir zur Verwirklichung unseres Projekts leisten und bewältigen müssen. Wir richten den Blick auf das große Ziel. Da wir aber noch ganz am Anfang stehen, erscheint es uns endlos weit entfernt. Wir sehen den sprichwörtlichen Wald vor lauter Bäumen nicht mehr. In diesem Fall kann es sehr hilfreich sein, den Weg der kleinen Schritte einzuschlagen.

Stellen Sie sich dazu die folgenden Fragen: Was ist die kleinste Einheit, die ich mir im Moment zutraue? Von welchem Pensum fühle ich mich nicht überfordert?

Blenden Sie die Leistungen und Erfolgsberichte anderer

Menschen für den Augenblick gänzlich aus. Was andere vielleicht sogar in einer ähnlichen Situation geschafft haben, interessiert in diesem Moment nicht. Was zählt, ist lediglich, wie viele Schritte *Sie* in Ihrer gegenwärtigen Situation machen können. Entscheidend ist, dass Sie anfangen. Sobald Sie loslegen, kommt etwas in Bewegung. Sie sind nicht länger passiv und grübeln nicht ständig über mögliche Probleme oder scheinbar unüberwindbare Hindernisse nach, sondern kommen ins Handeln. Unmittelbar spüren Sie, dass sich etwas verändert. Jeder auch noch so kleine Schritt nach vorn signalisiert Ihnen, dass Sie auf dem Weg sind, und gibt Ihnen sofort ein positives Feedback.

Sobald wir aktiv werden und unsere Ziele konkret in Angriff nehmen, entsteht eine gewisse Eigendynamik. Etwas kommt förmlich ins Rollen. Wir sehen und spüren, dass wir etwas bewegen, und merken: Es funktioniert, es geschieht etwas, ich habe schon etwas erreicht. So führen auch kleinste Mini-Erfolge manchmal wie von selbst zum nächsten Schritt. Es fällt uns leichter, etwas weiterzuverfolgen, wenn der Anfang erst einmal gemacht ist. Falls wir auf unserem Weg Rückschläge erleiden, sollten wir uns nicht entmutigen lassen. Kleinere Misserfolge sind ganz normal. Sie gehören in der Regel zum Prozess dazu. Das Wichtigste ist anzufangen! Und dann, am Ball zu bleiben, selbst wenn wir zwischendurch ein Stück zurückgeworfen werden. Wenn das passiert, machen wir eben möglichst entspannt an diesem neuen Ausgangspunkt weiter. Hauptsache, wir bleiben dran und lassen uns nicht verunsichern.

Beispiel Umzug

Nehmen wir an, Sie müssen einen großen Umzug bewältigen. Wenn Sie immer wieder durch das ganze Haus laufen und all die Möbel und den gesamten Hausrat betrachten, können Sie sich angesichts der Menge schon erschlagen fühlen, bevor Sie auch nur einen Gegenstand verpackt haben. Nach einer ersten Bestandsaufnahme sollten Sie versuchen, sich nur auf einen Bereich zu konzentrieren und alles andere möglichst ausblenden. Vielleicht besteht der erste vorstellbare Schritt darin, mit nur einer Kiste zu beginnen. Genehmigt! Eine Kiste, dann gibt es die erste Kaffeepause. Denn eine fertig gepackte Kiste ist besser, als vor lauter Verzagtheit gar nichts zu machen. Dann kommt die zweite Kiste dran. Es klingt vielleicht banal, aber dieses Prinzip bringt uns gerade angesichts großer Aufgaben meistens weiter. Und die Erfahrung zeigt, dass es mit jedem geschafften Schritt ein Stückchen leichter wird.

Beispiel Prüfung

Vielleicht studieren Sie oder sind in einer Ausbildung; jedenfalls müssen Sie eine Unmenge an Stoff für eine Prüfung lernen. Aber angesichts des riesigen Volumens wissen Sie gar nicht, wo Sie anfangen sollen. Auch hier ist entscheidend, dass Sie loslegen, und wenn die erste Lerneinheit auch noch so klein ist. Welches Pensum trauen Sie sich zu? Wozu können Sie sich motivieren? Vielleicht nehmen Sie sich vor, zunächst nur eine Seite zu lesen. Die Wahrscheinlichkeit, dass Sie freiwillig etwas mehr lesen, weil Sie merken, wie gut Sie sich konzentrieren können, wenn Sie sich nicht gleich am Anfang überfordern, ist gar nicht so gering. Mit der Zeit wird Ihnen das Lernen immer leichter fallen, denn je regelmäßiger wir etwas tun, desto routinierter werden wir darin. Das ist eine einfache, aber überaus praxistaugliche Weisheit.

Beispiel Fitnessprogramm

Falls Sie zu den Menschen gehören, die etwas für ihre Fitness tun und zum Beispiel mit dem Joggen beginnen möchten, kommt Ihnen das große Ziel vielleicht unerreichbar vor. Vielleicht besteht es darin, eine gewisse Anzahl von Kilometern in einer bestimmten Zeit zu laufen. Auch hier bewährt sich der Weg der kleinen Schritte – im wahrsten Sinne des Wortes. Es gibt hervorragende Trainingspläne, die mit Mini-Einheiten starten. Sogar gänzlich untrainierte Menschen können sie absolvieren. In der Regel beginnen sie mit einer Minute walken und maximal einer Minute laufen im Wechsel. Auch hier ist entscheidend, beherzt loszulegen – am besten mit Unterstützung einer Laufgruppe –, sich am Anfang aber ein Pensum zu setzen, das Sie auch erfüllen können. Vor allem sollten Sie die Latte nicht zu hoch legen.

Natürlich spielt auch unsere Ausdauer eine große Rolle. Blockaden oder sogar Panik können aufkommen, wenn wir bei einer Sache bereits »mittendrin« sind und möglicherweise einen guten Teil der Strecke schon zurückgelegt haben. Zu jedem Zeitpunkt können wir uns überfordert und gelähmt fühlen, sodass plötzlich nichts mehr geht. In diesem Fall sollten wir eine Pause machen und uns erneut darauf besinnen, was die kleinste Einheit ist, die wir uns zutrauen beziehungsweise die uns nicht überfordert. Vielleicht wirft uns das wieder etwas zurück, aber es ist eine bewährte Methode, die uns letztlich Schritt für Schritt zum Ziel führt.

Über Gesten zum Gefühl

Unsere Körperhaltung, Gesten und Mimik wirken sich unmittelbar auf unsere Emotionen aus. Das belegen zahlreiche wissenschaftliche Untersuchungen. Setzen wir zum Beispiel ein Lächeln auf – und sei es noch so gekünstelt – verändert sich auch unsere Stimmung: Wir werden heiterer. Wie der Psychiater und Autor Luis Rojas Marcos zeigt, sind Körper und Geist ständig über das Nervensystem und das endokrine System oder Hormonsystem miteinander verbunden. Offenbar schickt der Körper unserem Geist kontinuierlich Botschaften, je nachdem, welche Körperhaltung wir einnehmen und wie wir dreinblicken. Daraus folgt aber auch, dass wir unsere Gefühle durch unsere Gesten und Mimik gezielt beeinflussen können.

Kauern wir uns etwa ängstlich zusammen, vermittelt uns das tatsächlich ein Gefühl der Angst und Unsicherheit. Der Mentalist Thorsten Havener berichtete in diesem Zusammenhang in einem Fernsehinterview einmal von einem kleinen Experiment, das er durchgeführt hat. Er teilte sechs Probanden, die alle einen Bungeesprung machen wollten, in zwei Gruppen ein. Die drei Teilnehmer der einen Gruppe wies er an, sich zusammenzukauern, so als hätten sie schreckliche Angst. Die Mitglieder der anderen Gruppe forderte er dagegen dazu auf, eine Siegerpose einzunehmen, so als hätten sie tatsächlich gerade ein Match beim Sport gewonnen oder einen anderen Sieg errungen. Sie machten sich groß und reckten freudig die Arme nach oben. Danach sollten die Teilnehmer ihren Bungeesprung absolvieren. Havener beobachtete, wie viel Zeit die einzelnen Probanden brauchten, um vom Podest abzuspringen.

Obwohl dieses Experiment allein schon aufgrund der geringen Teilnehmerzahl keiner wissenschaftlichen Untersuchung entspricht, ist das Ergebnis beeindruckend: Einer der drei Teilnehmer, die sich vor dem Bungeesprung zusammengekauert hatten, sprang überhaupt nicht. Die anderen beiden benötigten 30 Sekunden bis zum Absprung. Die drei Leute, die zuvor eine Siegerpose eingenommen hatten, sprangen dagegen ohne zu zögern innerhalb von 2 Sekunden!

Eine Siegerpose einnehmen

Nutzen Sie die positive Wirkung körperlicher Signale auf die Gefühle und nehmen Sie eine Siegerpose ein, wenn Sie Ihre Zuversicht stärken und sich energiegeladener fühlen möchten. Reißen Sie Ihre Arme nach oben und machen Sie sich richtig groß. Wachsen Sie quasi über sich hinaus. Sie können dabei auch freudig in die Luft springen. Tun Sie so, als hätten Sie gerade einen 100-Meter-Lauf gewonnen, eine Prüfung bestanden oder eine Jobzusage bekommen. Wenn

Sie möchten, jubeln Sie dazu oder rufen Sie zum Beispiel: »Ich habe gewonnen«, »Ich habe es geschafft«, »Hurra«.

Manchen Menschen entspricht es mehr, eine andere Siegerpose einzunehmen. Machen Sie die berühmte »Beckerfaust«, führen Sie einen Freudentanz auf oder machen Sie eine andere Geste, wenn dieses körperliche Signal für Sie eher für einen Sieg steht.

Allein die Tatsache, dass Sie eine Siegerpose einnehmen, verleiht Ihnen einen positiven inneren Schub. Probieren Sie es doch einfach mal aus.

Energiefressern und Stimmungsdrückern mit Gelassenheit begegnen

Ergib dich nicht der Stimmung dessen,
der dich beleidigt, und folge nicht dem Weg,
auf den er dich schleppen möchte.
Mark Aurel

Manche Menschen rauben uns mit ihrer Negativität ständig Energie. Da sind zum Beispiel die Schwarzmaler, die bei jeder Gelegenheit ihre pessimistische Weltsicht zum Besten geben und gleichzeitig erwarten, dass jeder ihnen beipflichtet und ebenfalls bekundet, wie schlecht doch alles ist. Oder die Dauernörgler, die stets das Haar in der Suppe finden, an allem etwas auszusetzen haben und grundsätzlich eine schlechte Stimmung verbreiten. Oder aber die »Mir-geht-es-so-schlecht-Verkünder«, die sich in ihrem Selbstmitleid festgefahren haben und von ihrer Umwelt ungeteilte Aufmerksamkeit, Anteilnahme und Unterstützung bis zur Selbstaufgabe einfordern und es vor allem nicht akzeptieren können, wenn es anderen Menschen gut geht, obwohl sie selbst doch so leiden.

Empathie, ein offenes Ohr für andere und die Bereitschaft, Menschen bei ihren Problemen, Nöten und besonders in Krisen zu unterstützen, sind für unser soziales Miteinander essenziell. Gerade in unserer ichbezogenen Welt, in der viele sehr auf den eigenen Vorteil bedacht sind und mit einer Ellbogenmentalität durch das Leben gehen, ist es wichtig, andere nicht zu ignorieren oder auszugrenzen, die – aus welchen Gründen auch immer – möglicherweise durch das Raster des »Funktionierens« fallen und an der Welt oder auch an sich selbst leiden.

Soweit uns das möglich ist, sollten wir auf andere zugehen, ihnen eine helfende Hand reichen, uns ihre Sorgen anhören, ihnen signalisieren, dass wir für sie da sind – ohne ihre Probleme zu unseren eigenen zu machen. Wir sollten allerdings darauf achten, welchen Einfluss ihre Gesellschaft auf unsere Gemütsverfassung hat, und uns dagegen wappnen, dass ihre Negativität auf uns abfärbt. Manche Menschen versuchen, ihre Probleme – meist ohne sich dessen bewusst zu sein – chronisch bei uns abzuladen und uns ihre trübe, pessimistische Stimmung aufzudrücken. Darauf müssen wir uns nicht einlassen und sollten innerlich eine klare Grenze ziehen. Denn es ist niemandem geholfen, wenn wir uns dann selbst energielos und deprimiert fühlen oder aber nach einer Wutattacke auch aggressiv werden und unseren Frust oder Ärger womöglich wieder an anderen ablassen. Am meisten ist unleidigen Leuten geholfen, wenn wir uns nicht von ihnen in einen Strudel aus negativen Gefühlen hineinziehen lassen.

Dies kann uns gelingen, wenn wir quasi eine buddhistische Haltung der Gelassenheit und des Wohlwollens entwickeln. Wir können dem anderen Verständnis und Mitgefühl entgegenbringen, wenn wir uns bewusst machen, dass er nur ein Gefangener seiner eigenen Gefühle ist, dass er dominiert wird von seinem Leid, Kummer und Zorn oder möglicherweise von seinem Unvermögen, anderen achtsam und liebevoll zu begegnen. Mit dieser inneren Haltung fällt es uns leichter, mit solch schwierigen Menschen umzugehen und gleichzeitig unsere innere Balance zu bewahren.

Üben wir uns also in Gleichmut und Gelassenheit und signalisieren wir anderen, dass wir ihnen wohlgesonnen sind. So bleiben wir gesammelt und optimistisch.

Die Liebende-Güte-Meditation

Die folgende Meditation habe ich bereits in meinem Buch ›Der kleine Taschenbuddhist‹ vorgestellt. Es ist eine großartige buddhistische Übung, um selbstloser zu werden, negative Gedanken aufzulösen und die Liebe sich selbst und anderen Menschen gegenüber zu fördern. Daher möchte ich sie Ihnen auch hier nicht vorenthalten:

Suchen Sie einen ruhigen Platz auf, an dem Sie ungestört sind, und nehmen Sie eine bequeme Position ein. Entspannen Sie sich und achten Sie dann auf Ihren Atem.

Wenn Sie einige Male bewusst ein- und ausgeatmet haben, stellen Sie sich ein kleines Kind vor, das Sie vertrauensvoll und strahlend ansieht. Sie nehmen es in den Arm und werden dabei von einem Gefühl bedingungsloser

Liebe durchdrungen. Sie wünschen diesem kleinen schutz-
bedürftigen Wesen nur das Beste und hoffen, dass ihm
kein Leid zustößt. Spüren Sie, wie sich dieses Gefühl der
Güte und rückhaltlosen Liebe immer mehr in Ihrem Inneren ausbreitet.

Stellen Sie sich nun einen Menschen vor, der Ihnen besonders nahesteht, zum Beispiel einen Familienangehöri-
gen oder einen Freund, und wiederholen Sie innerlich den
folgenden Wunsch: »Möge er glücklich und sicher sein.
Möge sein Geist zufrieden sein.«

Dehnen Sie diese Vorstellung nun auf alle Ihnen nahe-
stehenden Menschen aus. Senden Sie liebende Güte an sie
alle.

Im nächsten Schritt senden Sie Ihren Wunsch an all die
Menschen aus, zu denen Sie ein neutrales Verhältnis haben, für die Sie also weder positive noch negative Gefühle
hegen.

Danach dehnen Sie Ihren Wunsch auch auf Ihre Wider-
sacher oder unangenehme Personen in Ihrem Umfeld aus.
Dabei wünschen Sie ihnen, dass sie ihren Zorn, ihren Pessimismus oder ihre Hartherzigkeit aufgeben und selbst von
liebender Güte durchdrungen werden.

Zum Schluss senden Sie Ihren Wunsch an alle Wesen auf
dieser Welt.

Sie können die Übung auch damit beginnen, liebende Güte
sich selbst gegenüber zu entwickeln. Sehen Sie sich selbst
glücklich und mit einem strahlenden Gesichtsausdruck
vor sich. Formulieren Sie dann den folgenden Wunsch:

»Möge ich glücklich und sicher sein. Möge mein Geist zufrieden sein.«

Das Aussenden liebender Güte ist eine Meditation des Herzens. Versuchen Sie das Gefühl, das Sie beim Üben entwickeln, auch nach Beendigung der Meditation aufrechtzuerhalten. Nehmen Sie Ihre positive Stimmung mit in Ihren Alltag, in die Arbeit, zu Ihrer Familie und zu Freunden. Bemühen Sie sich, anderen Menschen offen, herzlich und vorurteilsfrei zu begegnen. Es wird sicher auch Ihnen sehr guttun.

Den Tag harmonisch abschließen

Ein Weg, unseren Optimismus effektiv zu sabotieren, besteht darin, den Ärger und die Sorgen des Tages mit ins Bett zu nehmen. Auf diese Weise schaffen wir die besten Voraussetzungen für eine unruhige Nacht und stehen am nächsten Morgen müde und wie erschlagen auf. Aufgrund der mangelnden Erholung sind wir unausgeglichener, leichter reizbar und schneller pessimistisch gestimmt. Im Prinzip wissen wir alle, dass gesunder Schlaf eine der wichtigsten Säulen für unser Wohlbefinden ist, aber häufig machen wir es uns in der konkreten Situation nicht bewusst und schleifen belastende Gedanken mit in die Phase, in der wir uns eigentlich regenerieren müssten.

Unser Körper nutzt den Schlaf, um Zellen zu reparieren und neue zu bilden. Stoffwechsel und Immunsystem werden angekurbelt. Zu wenig Schlaf kann zu Bluthochdruck, Übergewicht und Depressionen führen. Zudem erhöht sich das Herzinfarkt- und Schlaganfallrisiko.

Tun Sie bereits am Abend das Ihre dazu, damit Sie den nächsten Tag frisch, erholt und voller Energie angehen können. Sorgen Sie für eine gute Schlafhygiene. Legen Sie alle belastenden und schwierigen Gedanken bewusst ab, bevor Sie zu Bett gehen. Schließen Sie innerlich Frieden mit den Dingen, die am Tag nicht gut gelaufen sind. Versöhnen Sie sich mit Ihrem Partner oder Ihren Kindern, falls Sie sich gestritten haben. Kaum etwas boykottiert unsere Nachtruhe stärker als ein schwelender Konflikt.

Lassen Sie ungute Gefühle los! So programmieren Sie einen guten Start für den nächsten Tag. Wie gelingt das? Zum Beispiel mit der folgenden einfachen Übung:

Ballast abwerfen

Stellen, setzen oder legen Sie sich bequem hin. Atmen Sie drei Mal langsam und tief durch die Nase ein und durch den Mund aus. Bei jeder Ausatmung werfen Sie all Ihren Ballast ab, indem Sie innerlich zu sich sagen: »Ich lasse los.« Stellen Sie sich dabei vor, wie jede Anspannung, jedes ungelöste Gefühl, jede Last auf Ihren Schultern mit dem Atem von Ihnen weicht. Ah!

Zum Abschluss der Übung lächeln Sie. Nehmen Sie das Gefühl der Erleichterung und Entspannung mit zu Bett. Für heute ist es gut. Morgen ist auch noch ein Tag!

Das Dankbarkeitstagebuch

Ein schönes Ritual, um am Ende des Tages innerlich zur Ruhe zu kommen und gut mit dem Erlebten abzuschließen, ist das Führen eines Dankbarkeitstagebuchs. Das Gefühl der Dankbarkeit kann eine geradezu magische Wirkung auf uns haben. Es versöhnt uns mit der Welt, macht uns ausgeglichener und sorgt für tiefe Zufriedenheit. Wenn wir dieses Gefühl gezielt in uns fördern, eröffnen sich fast wie von selbst neue Perspektiven. Es fällt uns leichter, so manches loszulassen, was wir vorher krampfhaft festgehalten haben, und uns auf die wirklich wichtigen Dinge in unserem Leben zu besinnen. Und letztlich finden wir auf diese Weise zu größerer Gelassenheit und einer optimistischen Haltung.

Setzen Sie sich abends für fünf bis zehn Minuten hin und überlegen Sie, für welche Dinge Sie an diesem Tag dankbar sind. Was hat gut funktioniert? Worüber haben Sie sich gefreut? Mit etwas Übung sollte es Ihnen relativ leichtfallen, drei Dinge oder mehr aufzuschreiben. Es können winzige Kleinigkeiten oder auch größere Ereignisse sein, die sich zugetragen haben. Konzentrieren Sie sich auf Begebenheiten oder Momente, die Sie mit den folgenden Sätzen beginnen lassen können: »Ich bin dankbar für …«; »Ich bin dankbar dafür, dass …«

Wenn Sie Ihr Dankbarkeitstagebuch eine Weile lang regelmäßig führen, werden Sie merken, welch zauberhafte Wirkung es entfalten kann.

Eine positive Überraschung

Ich fahre mit dem Fahrrad zu einem Tangokurs mit anschließender Milonga – einem Tango-Tanzabend – in München. Ich bin etwas spät dran und hatte daher vorher keine Zeit mehr, etwas Ordentliches zu essen oder beim Bankautomaten Geld abzuheben. Ich habe aber gerade noch genug Bargeld, um den Eintritt zu bezahlen.

Bevor der Unterricht beginnt, unterhalte ich mich mit meinem Tanzpartner. Er schwärmt mir von einem tollen Restaurant vor, das er vor Kurzem entdeckt hat. »Das ist ja genau das richtige Thema für mich«, denke ich, denn mein Magen signalisiert mir jetzt schon, dass er eigentlich Hunger hat. Beiläufig erwähne ich, dass ich ohne Geld unterwegs bin. »Wie, du hast kein Geld dabei?«, fragt mich mein Tanzpartner erstaunt. »Das könnte ich mir nicht vorstellen. Es kann doch immer mal sein, dass man was braucht. Ich gehe nicht aus dem Haus, ohne mindestens 20 Euro als Reserve dabeizuhaben. Ich kann dir gerne etwas leihen.« Aber ich lehne sein freundliches Angebot ab und sage fröhlich: »Kein Problem. Ich habe ja alles, was ich brauche. Ich muss später nur noch mit dem Fahrrad nach Hause fahren, da werde ich wahrscheinlich kein Geld mehr brauchen.« Dann beginnt der Unterricht und wir konzentrieren uns aufs Tanzen.

Als ich mich viele Stunden später auf den Nachhauseweg mache, ist mir etwas flau im Magen. Ich merke unterwegs, dass ich meinen Hunger wohl ein bisschen unterschätzt habe. Vielleicht hätte ich meinen Tanzpartner doch darum bitten sollen, mir Geld zu leihen. Aber diese Erkenntnis kommt nun zu spät. Immerhin habe ich noch meine Kreditkarte dabei. ›Mal sehen, ob ich trotz der späten Uhrzeit irgendwo noch einen Happen zum Mitnehmen bekomme‹, denke ich. Es ist neblig und ungemütlich. Kein Mensch ist auf der Straße und kein geöffnetes Restaurant in Sicht. München Pasing, Landsbergerstraße … Die Bürgersteige scheinen hier hochgeklappt zu sein. Ich erinnere mich, dass ich auf dem Hinweg bei einem McDonald's vorbeigekommen bin. Bei der Hamburgerkette war ich wahrscheinlich vor circa 20 Jahren zum letzten Mal. Ob man dort mit Kreditkarte bezahlen kann? Ich bezweifle es, aber wer weiß?

Als ich ankomme, sieht es so aus, als würde auch dieser Laden bald schließen. Außer mir sind keine weiteren Kunden da. Ein Mann mit Wischmopp reinigt bereits den Boden. Hinter der Theke steht ein junger Typ, der aussieht wie ein Hip-Hopper. Baggy Jeans, Kapuzenpullover, Baseballkappe. Offenbar hat er bald Feierabend, da er keine Arbeitskluft mehr trägt. Er ist etwa 18 Jahre alt und wippt hinter der Theke rhythmisch hin und her, als würde er gerade Musik hören. Gut gelaunt sieht er mich an. Ohne so recht daran zu glauben, frage ich ihn, ob ich bei ihm einen Veggieburger mit der Kreditkarte bezahlen kann. Angesichts des kleinen Betrags kommt mir meine Anfrage in jedem Fall etwas lächerlich vor. Der junge Typ hinter der Theke schüttelt den Kopf. »Tut mir leid, wir akzeptieren keine Kreditkarten.« – »Oje«, sage ich seufzend, »das habe ich mir schon fast gedacht. Na ja, da kann man nichts machen.« Offenbar sehe ich etwas verzweifelt aus, denn er schaut mich anteilnehmend an und sagt noch einmal achselzuckend: »Tut mir wirklich leid.«

Da ich tatsächlich etwas am Limit bin, möchte ich gern einen Schluck Wasser trinken, daher frage ich ihn: »Darf ich denn mal die Toilette hier benutzen?« Er nickt freundlich und deutet mit der Hand in Richtung einer Treppe. »Dort hinauf bitte.« Ich trinke etwas Wasser aus der Leitung und versuche mich mental schon einmal auf die Heimfahrt mit knurrendem Magen einzustellen. Als ich die Treppe wieder hinuntergehe, winkt mich der junge Typ zu sich und hält mir dann breit grinsend zwei Veggieburger entgegen. Ich sehe ihn ungläubig an. Damit habe ich nun überhaupt nicht gerechnet. Mir fällt nichts Besseres ein, als zu sagen: »Wie, echt jetzt? Die bekomme ich einfach so? Im Ernst?« – »Kein Problem, sehr gerne«, antwortet er und strahlt mich immer noch an. »Das ist ja eine tolle Überraschung, und außerdem gleich zwei«, erwidere ich. »Das rettet mich, weil ich wirklich großen Hunger habe und noch ziemlich weit mit dem Rad fahren muss. Vielen, vielen Dank. Das ist echt toll.« Ich freue mich riesig über diese nette Geste. Mein »Glaube an die Menschheit« hat sich wieder einmal bestätigt. Ich lasse mir die Burger so richtig schmecken und setze dann trotz der diesigen Nebelstimmung fröhlich und beschwingt meine Heimfahrt durch das nächtliche München fort.

Optimismus in der Nussschale

- Optimisten erkennen, welchen Anteil sie an einer positiven Situation haben. Pessimisten sehen es dagegen eher als Zufall, wenn etwas gut gelaufen ist. Bei negativen Erfahrungen suchen sie häufig die Schuld bei sich selbst und entwickeln ein Gefühl des persönlichen Versagens.

Tipp: Betrachten Sie jede Situation aus einer Position der Selbstwirksamkeit heraus. Fragen Sie sich, was Sie dazu beigetragen haben, wenn etwas gut funktioniert hat. Falls etwas einmal nicht gelingt, sollten Sie eigene Fehler zur Kenntnis nehmen, aber nicht alles grundsätzlich auf sich beziehen. Machen Sie sich nicht automatisch zum Sündenbock. Meistens gibt es mehrere Ursachen, wenn etwas schiefläuft. Haken Sie Misserfolge möglichst rasch ab und geben Sie sich eine neue Chance.

- Optimisten sehen negative Ereignisse als etwas Vorübergehendes. Pessimisten denken, es wird nie vorbeigehen.

Tipp: Erkennen Sie, dass die meisten Situationen sich verändern lassen. Betrachten Sie Probleme und Krisen als etwas, das Sie mitbeeinflussen können. Grübeln Sie nicht ständig darüber nach, warum es zu einem Problem gekommen ist, und verabschieden Sie sich von der Opferrolle. Jammern Sie nicht darüber, wie die Dinge sind, sondern überlegen Sie gezielt, was Sie aktiv zur Lösung eines Problems beitragen können.

Lassen sich bestimmte Umstände partout nicht ändern, sollten Sie das akzeptieren und sich auf die Dinge ausrichten, auf die Sie einen Einfluss haben.

Konzentrieren Sie sich vor allem auf die erbaulichen Dinge des Lebens. Nehmen Sie sich das Recht, Negatives auszublenden, wenn es zu belastend wird.

- Optimisten übertragen positive Erlebnisse auf andere Bereiche und zukünftige Situationen und erinnern sich bei Bedarf daran. Pessimisten fokussieren sich auf Negativerlebnisse und sehen darin eine Bestätigung ihrer skeptischen Erwartungshaltung. Sie leben in dem Gefühl, dass ihre schlimmsten Befürchtungen sich erfüllen werden, was dann nicht selten tatsächlich zu einer sich selbst erfüllenden Prophezeiung führt.

Tipp: Erkennen Sie negative Sichtweisen und hinterfragen Sie diese. Hüten Sie sich vor pessimistischen Verallgemeinerungen. Nur weil heute etwas nicht geklappt hat, muss morgen deshalb noch lange nicht alles schlecht sein. Dramatisieren Sie Probleme nicht und läuten Sie nicht bei jeder Schwierigkeit gleich den Weltuntergang ein. Besinnen Sie sich auf positive Erlebnisse und stärken Sie so bewusst Ihre Selbstwirksamkeit. Versuchen Sie, heute voller Zuversicht aktiv zu werden. So stellen Sie die Weichen für die nächste Zeit auf die bestmögliche Weise.

- Optimisten setzen sich Ziele und sind zuversichtlich, dass sie diese auch erreichen werden. Pessimisten glauben nicht daran, dass sie in der Lage sind, ein Ziel zu erreichen, und geben daher häufig von vornherein auf.

Tipp: Setzen Sie sich Ziele und verfolgen Sie diese beherzt. Legen Sie Ihre persönliche Messlatte dabei nicht zu hoch. Fordern Sie sich, ohne sich zu überfordern.

- Optimisten wissen, was sie antreibt, und nutzen die Kraft der Motivation und Begeisterung. Pessimisten sehen häufig keinen Sinn in ihrem Tun.

Tipp: Machen Sie sich gezielt auf die Suche nach den Dingen, die Sie begeistern, die Sie innerlich brennen lassen und Ihrem Leben einen Sinn geben. So fördern Sie Ihre Motivation am besten und laufen wie von selbst zur Höchstform auf.

- Optimisten fördern ihre Stärken und stehen zu ihren Schwächen. Pessimisten zweifeln an ihren Fähigkeiten und haben ein geringes Selbstwertgefühl.

Tipp: Machen Sie sich Ihre Stärken bewusst und nutzen Sie Ihre Fähigkeiten und Begabungen. Das fördert Positiverlebnisse und die Selbstachtung. Gestehen Sie sich aber auch Ihre Schwächen ein und erteilen Sie sich eine Art Generalerlaubnis, nicht immer »funktionieren« zu müssen. Üben Sie sich in Gelassenheit und seien Sie nachsichtig mit sich.

- Optimisten fördern positive, lebensbejahende Vorstellungen. Pessimisten drehen sich mit ihren düsteren Gedanken häufig im Kreis.

Tipp: Unterbrechen Sie bewusst negative Gedankenspiralen und richten Sie sich auf Träume und Visionen voller Zuversicht aus.

Steuern Sie Ihre Gedanken, denn so, wie wir denken, so fühlen wir uns auch.

- Optimisten loben sich regelmäßig selbst. Pessimisten haben häufig einen inneren Kritiker im Ohr, der sie schlechtmacht.

Tipp: Anerkennung von anderen, aber auch von uns selbst ist sehr wichtig. Loben Sie sich daher regelmäßig, wenn Sie mit sich zufrieden sind. So fördern Sie Ihr Selbstwertgefühl. Wenn Sie sich häufig kritisieren, schwächen Sie sich nur und demoralisieren sich.

- Optimisten achten auf einen gesunden Ausgleich von Anspannung und Entspannung. Pessimisten übergehen sich häufig und bestrafen sich manchmal selbst, wenn sie ihre eigenen Erwartungen nicht erfüllen.

Tipp: Muten Sie sich nicht zu viel auf einmal zu. Fordern Sie sich, aber vermeiden Sie häufigen negativen Stress. Tun Sie sich zum Ausgleich etwas Gutes. Gönnen Sie sich Dinge, die Ihnen Spaß machen und Sie zum Lachen bringen.

- Optimisten pflegen persönliche Beziehungen und tauschen sich regelmäßig mit anderen aus. Pessimisten laufen eher Gefahr, sich abzukapseln und zu isolieren.

Tipp: Wir Menschen sind soziale Wesen. Das gesellige Beisammensein, der Austausch mit anderen, die Unterstützung, die wir von Freunden oder Bekannten erfahren – all das ist ungeheuer wichtig für unser Wohlbefinden. Fördern Sie regelmäßige soziale Kontakte. Lassen Sie nicht zu, dass der Job oder andere Anforderungen des Alltags Ihre Zeit mit Freunden, mit der Familie und Bekannten über einen zu langen Zeitraum boykottieren.

- Optimisten setzen eine freundliche Miene auf. Pessimisten blicken häufig griesgrämig drein und rauben sich damit selbst Energie.

Tipp: Umarmen Sie die Welt, wann immer es geht, mit einem Lächeln. Begegnen Sie anderen Menschen freundlich und interessiert, dann geht alles ohnehin schon ein ganzes Stück leichter. Nutzen Sie die heilsame, energiespendende Kraft des Lachens.

Quellenverzeichnis und Leseempfehlungen

Christina Berndt: Resilienz. Das Geheimnis der psychischen Widerstandskraft. Was uns stark macht gegen Stress, Depression und Burn-out. dtv, München 2013

Leo Bormans: Ab heute bin ich Optimist. Eine Starthilfe. Aus d. Niederländischen v. Birgit Erdmann und Bärbel Jänicke. Patmos Verlag, Ostfildern 2014

Viktor E. Frankl: … trotzdem Ja zum Leben sagen. Ein Psychologe erlebt das Konzentrationslager. Kösel Verlag, München, Neuausgabe 2009, 2. Auflage 2011

Barbara L. Fredrickson: Die Macht der guten Gefühle: Wie eine positive Haltung Ihr Leben dauerhaft verändert. Campus Verlag, Frankfurt am Main 2011

Bettina Lemke: Der kleine Taschenbuddhist. dtv, München 2009

Dies.: Der kleine Glücksberater. dtv, München 2011

Elisabeth Lukas: Alles fügt sich und erfüllt sich. Logotherapie in der späten Lebensphase. Profil Verlag, München 2010

Dies.: Quellen sinnvollen Lebens. Woraus wir Kraft schöpfen können. Verlag Neue Stadt, München u. a. 2014

Luis Rojas Marcos: Lebe lieber glücklich. Die Macht des Optimismus. Aus d. Spanischen v. Luis Ruby. Piper Verlag, München 2011

Michael V. Pantalon: Motivation: Wie Sie sich und andere schnell und erfolgreich motivieren. Aus d. Englischen v. Thomas Pfeiffer. dtv, München 2015

Martin Seligman: Flourish – Wie Menschen aufblühen: Die positive Psychologie des gelingenden Lebens. Aus d. amerikanischen Englisch v. Stephan Schuhmacher. Kösel Verlag, München 2012

Martin Seligman: Pessimisten küsst man nicht. Optimismus kann man lernen. Aus d. Amerikanischen v. Christa Broermann. Droemer Knaur, München 1991

Barbara Sher: Ich könnte alles tun, wenn ich nur wüsste, was ich will. Aus d. Englischen v. Gudrun Schwarzer. dtv, München 2011

John Strelecky: Das Café am Rande der Welt. Eine Erzählung über den Sinn des Lebens. Aus d. Englischen v. Bettina Lemke. dtv, München 2007

Ders.: Wiedersehen im Café am Rande der Welt: Eine inspirierende Reise zum eigenen Selbst. Aus d. Englischen v. Bettina Lemke. dtv, München 2015